Rich致富 192

富爸爸，富女人 女人就是要有錢

Rich Woman: A Book on Investing for Women - Because I Hate Being Told What to Do!

金・清崎 Kim Kiyosaki◎著
陳琇玲◎譯

高寶書版集團

致富館 192

富爸爸，富女人：女人就是要有錢

Rich Woman: A Book on Investing for Women - Because I Hate Being Told What to Do!

作　　者：金・清崎（Kim Kiyosaki）
譯　　者：陳琇玲
總 編 輯：林秀禎
編　　輯：吳怡銘
出 版 者：英屬維京群島商高寶國際有限公司台灣分公司
Global Group Holdings, Ltd.
地　　址：台北市內湖區洲子街88號3樓
網　　址：gobooks.com.tw
電　　話：(02) 27992788
E-mail：readers@gobooks.com.tw（讀者服務部）
pr@gobooks.com.tw（公關諮詢部）
電　　傳：出版部（02）27990909　　行銷部（02）27993088
郵政劃撥：19394552
戶　　名：英屬維京群島商高寶國際有限公司台灣分公司
發　　行：希代多媒體書版股份有限公司/Printed in Taiwan
初版日期：2009 年 10 月

國家圖書館出版品預行編目資料

富爸爸，富女人：女人就是要有錢 / 金・清崎（Kim Kiyosaki）著; 陳琇玲譯.-- 初版. -- 臺北市：高寶國際出版：希代多媒體發行, 2009.10　面；公分. --（致富館；RI 192）
譯自：Rich Woman: A Book on Investing for Women - Because I Hate Being Told What to Do!

ISBN 978-986-185-363-5（平裝）

1.個人理財　2.投資　3.女性

563　　98016516

富爸爸，富女人

I believe the world would be a better place

if there were more Rich Women.

—Kim Kiyosaki—

目錄｜contents

目錄 | contents

【推薦序】

現代女性的典範

羅勃特・T・清崎

俗話說，「每一個成功男人的背後，都有一位偉大的女性。」就我而言，這句話說得一點也沒錯。如果不是我妻子金的扶持，我不可能有現在的成就。有時我心想，如果沒有她，我現在會在哪裡。

我跟金初次相遇時，確實是被她的美貌吸引。我們第一次約會時，我發現她不但人長得美，也很有見識，而且非常聰明。後來我們愈來愈瞭解對方，就更為她的內在美所吸引，也讓我因此陷入情網。如果世界上真的有靈魂伴侶，我相信我已經找到了！

不過，我是在困境時才發現金真的很有骨氣。就因為她有骨氣、有韌性，讓我們安度最艱困的時期，如果沒有她，我不敢肯定自己是否會安然度過難關。很多時候，我們連一毛錢也沒有，沒有房子可以住，也沒有車子可以開，但是，她會抱著我，讓我像個小男孩那樣放聲大哭。她既勇敢又有骨氣，在我對自己都沒有信心時，她卻從未對我失去信心。

我們跟大多數夫妻一樣，會爭吵、會意見不和。經歷這些年的風風雨雨，讓我對金的愛增添了一分尊敬。她是一位獨立自主的女性，不需要我照顧，她現代、時尚、風趣、富有、溫柔、可愛、大方，而且很獨立。

我們一起打高爾夫球時，她會從男性開球區揮桿，不會因為自己是女性，就要求給予優惠條件。不巧的是，她通常打得比我好，分數也贏過我。感謝上帝，她贏的時候並沒有炫耀不已，讓我難堪。

我們認識時，我不但負債累累，還犯了一堆錯誤，身上僅有的就是人生經驗和一個夢想。即使一無所有，她卻願意跟我一起生活，只為了讓那些夢想成真。現在，我們都實現當時的夢想，過著美好的生活。

我知道金不是為了錢才嫁給我，因為我們認識的時候，我根本沒有錢。至於投資，我只是把富爸爸教我的事傳授給她。對她而言，投資是很自然而然的事。現在，她是比我更優秀的投資人，所從事的交易金額也遠超過我。她是一位白手起家的女性，一位有錢的女性。

能為她的第一本書寫序，讓我深感榮幸。依我所見，她就是現代女性的典範——風趣可愛、溫柔美麗、獨立聰明又有錢。說到錢和投資，她知道自己言之有物。我看著她從一位對金錢和投資一無所知的年輕女性，蛻變為投資理財權威的富女人。而且，她言行合一，不會說一套、做一套。我很欣慰，能為我的知己、企業夥伴和我的老婆——金，寫這篇推薦序。

【前言】

何必為女性特別寫一本投資理財書？

金．清崎

在投資界，如何投資，即如何購買房地產、如何挑選股票，或如何獲得不錯的投資報酬率，對男性和女性來說，並沒有不同。不管是股票、債券或房地產，投資不會因為買賣、持有、改建或出租的對象是男或女而不一樣。

既然如此，何必為女性特別寫一本投資理財書呢？因為談到錢這件事，男性和女性可不一樣，從歷史、心理、精神和情緒層面來看，都有差異存在。正因為擁有這些差異，現在才有這麼多女性對錢沒有概念，也完全不懂理財投資。這些差異就是讓男女有別，並促成這本女性投資理財寶典問世的原因所在。

我很討厭聽命行事！

有一天下午，我們夫妻跟一些朋友共進午餐，說著說著就把這本書的主題敲定了。我們把書名訂為「富女人」（Rich Woman），卻還沒決定副標題。於是，大家開始腦力激盪，提出一些點子。

後來，羅勃特轉頭問我，「告訴我，妳為什麼這麼努力追求財務獨立？對你來說，這件事沒有什麼稀奇，因為這是妳的本性。妳打從心裡就想這麼做，但是為什麼呢？究竟是什麼原因，讓妳無論如何必須讓自己能夠獨立自主？告訴我們，是什麼原因鞭策妳這樣做。」

我的女友蘇西當時就坐在我旁邊，她是我志同道合的知己。我們看著對方，幾乎同時說出，「因為我很討厭聽命行事！」接著，我們兩人開始高談闊論，說著要聽命行事是多麼令人無法忍受，然後又舉出很多實例告訴在場的朋友，當別人命令我們怎麼做時會怎麼回應，以及為什麼再也不讓他人來指使我們怎樣過活。（我知道，有很多女性聽得懂我在說什麼，或許妳就是其中之一。）

後來，我們終於說完了，我看了看在座的友人，大家都不講話只是面帶微笑。「看來，剛才妳已經找到這本書的副標題了。」羅勃特說。

從小就這樣

對我來說，不喜歡聽命行事並不是什麼新鮮事，因為我知道自己從幼稚園起就有這種問題！我是班上最常被罰站的學生，因為我想睡午覺、想跟同學一起玩，所以老師要我到走廊罰站；因為我想玩手指畫、不想聽故事，所以老師要我到走廊罰站。而且，請不要叫我吃那些難吃的自助式點心——我知道，我自己會去走廊罰站。

老師認為我很「任性」。其實，我只是不喜歡聽命行事。

我大學畢業後，做第一份全職工作時，就被開除二次——做同樣的職務卻被開除二次！老闆開除我，不是因為我懶散或能力不好，原因正好相反。我很熱中學習，所以老闆才又找我回去工作。但是，我很難克制自己的本性，當年才二十一歲的我表現得太過獨立，一副知道所有答案似的。加上我根本不喜歡聽命行事，即便我繼續待在那家公司上班，也不會有什麼發展。

由於這個問題已經根深蒂固，當別人以強硬態度告訴我該做什麼事時，即使我知道自己最好照做，我卻反而不去做，只因為我不喜歡聽命行事。是的，這一點確實在我的生活造成一些問題，卻讓我變得獨立自主，尤其是在財務上的獨立自主。妳或許聽說過，「有錢就是老大。」依我所見，有錢的人就能發號施令。所以，我很早就下定決心，要當一個發號施令者，不要當聽命行事者。

我們女人做的蠢事

有一天下午，羅勃特走進屋裡見到我對著電視大吼大叫，「醒醒吧！別那麼傻！不要像個笨女孩一樣！快點長大吧！」

羅勃特對著我一直笑，他問說，「妳是怎麼了？」

我很失望地說，「看到這些女人一談到錢就做這種蠢事，實在讓我抓狂！這位女士竟然向電視節目中自吹自擂的理財專員這類的陌生人請教，該如何處理自己存的幾千美元。結果，那位理財專員給了她一個爛建議，而她卻說：『非常感謝你，我會照著做。』那樣做實在太愚蠢了，不是嗎？從她的例子就可以知道，談到錢和投資理財，為什麼女性總是沒有自己的想法。」

「她這樣做當然讓妳很痛心，」羅勃特笑著回答，「或許，女性甚至不知道自己在做什麼，而這正是妳指點她們的好機會。」

我們做了那哪些蠢事

這件事確實讓我心痛。因為我們女人在生活中真的做了一些可笑的蠢事——一些與錢有關的傻事。我認為，現在該是我們對這項主題更精明一些的時候了。

我是在說，女人很笨嗎？當然不是。事實根本不是這樣，我是說，女人確實做了一些蠢事，而且大都跟金錢有直接的相關。在此，我把許多女性談到金錢時做的一些蠢事羅列如下：

- 為了錢而結婚。
- 因為擔心沒辦法靠自己過活，寧可在不幸福的婚姻或關係中瞎耗。
- 讓男人替我們做出所有重要的財務決定。

- 接受「錢的事男人比較懂」這種迷思。
- 接受「男人比較會投資」這種想法。
- 因為不想破壞現狀或怕傷及男人自尊，所以沒有對他們做的財務決定提出質疑。
- 因為認為自己不夠聰明，所以聽從所謂「專家」所說的理財建議。
- 以為保持沉默，就能平安無事。
- 因為「安於現狀」（至少不必擔心財務問題），所以我們維持關係。
- 拚命維持關係，結果對方卻跟年輕美眉搞外遇。
- 希望男人會改變。
- 當我們希望能過著優越的生活時，卻總是安於現狀。
- 男人迷路又不肯問路時，我們卻還是跟著他。
- 看不起自己。
- 為了薪水而忍受工作上的所有不平等。
- 因為加班不能陪小孩而感到內疚。
- 應該被升遷，卻沒有被拔擢，即使是這樣卻還是忍氣吞聲地工作。
- 做同樣的工作，男性的薪資卻比我們高，而且最後他們還把工作丟給我們。
- 因為工作而錯過孩子的足球賽和表演。
- 經常想著未來並說，「有一天我會，……。」

這些蠢事，我們大都做過一些。重要的是，我們當中有很多人為了錢出賣自己的靈魂。令人遺憾的是，這樣做的代價太大，讓我們失去自尊、失去自信，也喪失自我價值。

是的，這本書跟女性與投資有關。不過，其實這本書的內容還不只這些，還跟女性自己當家作主有關，也跟自尊與自重有關。

靠男性、家庭、企業或政府來照顧妳

這本書的副標題原本是，「給堅持財務獨立，不靠男性、家庭、企業或政府照顧的女性。」其實，這就是這本書的宗旨。從整個歷史來看，女性一直被教導也被期望，要仰賴別人才能讓財務健全。現在，照這樣做的女性可能身陷險境。因為，時代確實已經改變！

靠男人來照顧妳

就歷史而言，只要談到男人、女人和金錢，就一定會談到性。性、金錢和女人是密不可分的，有時我們甚至無法認清這三者的影響，這是因為我們就是被接受這種社會標準的世代扶養長大。

我們在十六歲時，有些人甚至在年紀更小時，身為女人或女孩的我們就知道自己擁有絕佳的能力，可以操控男性——這股能力就是性。當大多數青少年還很笨拙又帶點傻氣，像擁有一雙大腳丫的玩偶時，我們女孩已經開始注意到男性用不同的眼光看著我們，他們開始把我們當成異性。通常，我們從年紀很小時，就開始注意到成年男子對我們微笑，有些還會吹口哨，對著我們獻殷勤，有的則是色瞇瞇地看著我們。

我相信我們都能想起班上比其他同學更早熟的「某位女生」。我們班的梅樂蒂就是這種女生，她在十四歲時就知道自己與眾不同，她比其他女生有優勢，她誇耀自己剛發現的性徵。當我們唸八年級時，梅樂蒂已經跟高中生談戀愛，唸高中時，就以大學生為交往對象。她知道怎樣引起男人的注意。

現在，我明白梅樂蒂只是例外，跟一般女性不同。不過，坦白說，我們大都知道自己年輕時很有性魅力，只要稍微賣弄風騷就很管用。正因為男性有這種性需求，讓女性很早就開始擁有這股龐大的力量，並且開始形塑我們在世上舉止行為的觀點：要做什麼及如何表現才能獲得我們想要的東西。而且，這項公式確實奏效，只要我們既年輕又有性魅力。不過，等到年紀愈大，情況卻有所改觀。

轉捩點

當我十四歲時，有一天放學回家，走進家門聽到媽媽跟她的好友在餐廳聊天。我朝她們走過去時，媽媽用眼神示意要我別過去，她們有私事要談。我走進廚房拿東西吃，從冰箱拿牛奶出來時，不小心聽到她們講的話。

顯然，葛蘿莉亞阿姨心情很差。「我知道我們有問題，可是為了孩子，我不認為他真的會離開我。」

「他怎麼說？」媽媽問。

「他從去年起就跟一位城裡的女子交往，那個女生年紀比我小很多，」她說，「據他所說，她讓他覺得自己是一位英雄。顯然地，我讓他覺得很失望。」她說。

「妳早就知道他有外遇嗎？」媽媽問。

「坦白說，我早就懷疑他有問題，可是我真的不想知道。我只希望他是玩玩罷了，一切終究會回歸正常。」

「那麼，妳究竟知道多少？」媽媽激她說出來。

「我想我全都知道，只是不想承認罷了，」葛蘿莉亞坦承，「這麼多年來，我們的婚姻一直不太幸福。過去這幾年，我們的共同點愈來愈少，他有他的事業，我要帶小孩；他經常出差，我卻老是待在家裡。」

「如果妳覺得婚姻無法維繫，又知道他有外遇，為什麼要繼續這樣耗下去？」

「因為小孩。」葛蘿莉亞阿姨馬上這樣說。

「小孩？」媽媽驚訝地問。「葛蘿莉亞，妳的小孩都已經長大了。妳的兒子剛從大學畢業，原因應該不只這樣吧！」

葛蘿莉亞阿姨當下猶豫了一下，然後平靜地說，「我是因為錢，才不想離開的。即使我的婚姻不幸福，但至少不必擔心錢的問題。只是想到離婚後，要靠自己過活，就害怕得要命。我已經離開職場二十年，不知道如何自力更生。沒錯，這麼多年來，我們的婚姻早就失和，唯一可取的是，至少他還會拿錢養這個家。」

我聽到葛蘿莉亞阿姨哭著說，「我只是不知道，自己該怎麼做。只要想到自己已經四十五歲，要得靠自己過活，實在讓我很害怕。我從來沒有想過，自己會走到這個地步。」

我把牛奶放回冰箱，然後走回我房間。走上樓梯時，我聽到葛蘿莉亞阿姨說，「我只是不知道，自己是否能處理自己的財務。」那些話觸動了我的心。

我心想，「這個女人的婚姻不幸福，卻因為靠先生養她，所以才忍氣吞聲。」當時，我明白真正的生活未必像童話故事那樣，「王子和公主從此過著幸福快樂的日子」。那天我便做了一個決定，並對自己說，「今後，我在財務上，絕對不要靠男人或靠任何人。」而且，這項決定變成我往後的生活準則。

或許是改變公式的時候了

對了，我會這麼說並不表示我排斥男性，實際上，我還是很愛男性的。只不過在財務獨立上，我不想要倚靠他們。而且，現在有很多女性都跟我一樣。

我遇到很多四十幾歲或五十幾歲的婦女，因為離婚、頓失依靠，讓自己的生活過得很辛苦。這些人的故事大同小異，「我們年輕時，婚姻幸福美滿，後來日子久了，兩人漸行漸遠。他愛上年輕美眉，就跟我離婚。我從小到大，頭一次必須靠自己養活自己。」

很幸運的是，我的爸媽婚姻幸福美滿，我經營自己的婚姻時，就以他們這對佳偶為學習的榜樣。他們結縭五十多年，我時常請教他們如何擁有一個充滿愛意、維繫長久又互相尊重的婚姻。

遺憾的是，許多婚姻經不起時間的考驗。現在，離婚率愈來愈高，二對新人就有一對以離婚收場。我並不是要大家為離婚做準備，只是要大家面對現實，做好個人理財，不管發生什麼事，就可以安度難關。對葛蘿莉亞阿姨來說，她就是沒有幫自己備妥「替代計畫」。她只有一個計畫，就是不惜任何代價維持婚姻關係，以換取舒適的物質生活。

利用自己的年輕美貌和性魅力，來取得我們想要的注意和影響力，以換得我們想要的東西，這種公式在女性二十幾歲和三十幾歲時還很有用，但是等到日漸年長，邁入四十歲、五十歲和六十歲時，這種公式就開始失效了。思索男人會不會改變，根本就是浪費時間，現在是我們女人該改變的時候了。我們年輕時奏效的公式，隨著年紀增長已經日漸無用。而且，對許多女性來說，改變公式的時候到了，金錢在這個等式中扮演一個重要的角色。年輕時，性魅力給予我們力量，等到年紀愈大，金錢才能讓我們取得主控權。

好萊塢傳奇巨星凱薩琳．赫本（Katherine Hepburn）在這方面做出最佳詮釋，她說，「女人，如果妳可以從金錢和性感中二選一，就要選擇金錢。當妳愈成熟，有錢就會讓妳很性感。」

時代已經在許多方面產生改變，我們女人必須跟著動起來才行，而這就是本書的宗旨所在，我要提供一個改變的藍圖。如果妳確信，最好的財務策略就是靠男人養妳一輩子，那麼我祝妳成功。對於其他準備好要在生活中做一些改變，想更加掌控自己的生活，也準備好採取行動的女人來說，我提供妳們一個替代計畫。

靠家庭來照顧妳

我們當中有些人很幸運，可以靠家產過一輩子，這當然不是大多數人的寫照。我有幾位友人，她們不但沒有依靠家人，反倒是家人要靠她們照顧。我在檀香山的一位女性友人，她的母親因為生病無法再照顧自己，只好把她接來家裡同住。然而，看顧病人不但花費龐大，也讓她的收入減少，因為必須請假在家陪伴母親。

我的另一位朋友現在每個月要支付八千美元，讓母親住在安養院。她從來沒有想過會發生這種情況。

一位住在史科茲戴爾的女子最近因為母親過世，繼承了祖厝。她的雙親在老家住了三十年。問題是，過去三十年內那間房子增值不少，她雖然繼承那間房子，卻繳不出金額龐大的房屋稅。後來，她因為沒錢繳房屋稅，只好把房子賣掉，最後等於根本沒繼承到什麼財產。

最近，蘇珊跟我分享她的故事。蘇珊的父親這一生在房地產、事業和股票方面累積可觀的財富。蘇珊的母親過世了，父親再娶。後來父親病重住院，瀕臨死亡，繼母卻將父親的所有財產轉到自己家人的名下，把蘇珊和她弟弟從遺囑中剔除。蘇珊的父親過世時，她沒有拿到一毛錢。現在，這種事情愈來愈常見了。

我舉這些例子是要強調，不要仰賴任何事，因為事情可能出差錯。我要強調的是，未雨綢繆有多麼重要。而且，我要鼓勵妳告訴自己，究竟靠誰或靠什麼提供妳的財務未來。

企業和政府目前發生的事，讓我們更加明白，為什麼靠家人或靠金主資助，或許不是最適當的選擇。

靠企業或政府來照顧妳

二〇〇五年十月三十一日的《時代雜誌》（TIME Magazine）以「退休金大騙局」（The Great Retirement Ripoff）作為封面故事。在文章的副標寫著，「數百萬名美國人以為退休可以拿到退休金，最後他們肯定嚇壞了。企業如何在國會的協助下，竊取人民的錢。」這篇報導說明，美國大企業如何用光員工的退休金，講好聽一點是這樣，其實他們根本是偷走員工的錢。政府立法允許企業侵占員工的退休金，讓員工無法在退休後獲得每月給付和健保福利。

這篇報導繼續說到，「根據《時代雜誌》的一項調查發現，早在當前美國工作者屆齡退休以前，就會讓企業和特殊利益團體受惠的國會政策決定，就會讓數百萬名美國即將面臨退休的人士──這群人大多是女性──陷入貧困，也讓數百萬人瀕臨緊要關頭，讓一般人到了退休時反而陷入困境。」

當我閱讀這篇報導時，引起我注意的是，作者特別提出因為退休金問題受害的五個真實案例。而在這五個個案中，每個受害者都是女性。其中有一名六十九歲的女性，每月拿不到一千二百美元的退休金支票，她先生已經過世，那是她應領的遺囑津貼。現在，她靠撿鋁罐維生，每個月多掙六十美元餬口。

另一名女性六十歲，在寶麗來公司（Polaroid Corporation）工作三十五年，從檔案人員做起，最後當到執行董事。她參與員工入股計畫（Employee Stock Ownership Plan, ESOP），每個月以八%的薪資支付這項計畫，這樣的話到退休時把股票變現，應該可以拿到幾萬美元。結果，該公司的股價暴跌，因為不當的經營決定和國會的干預，這位女性大約損失十至二十萬美元。此外，她原本期望可以拿到幾萬美元的退休金和福利，但到最後，這位女性只拿到一張面額四十七美元的支票。

這篇報導中提出的幾位女性，原本都以為自己退休時不必擔心錢的問題，現在她們卻面臨貧困。這實在太駭人聽聞，就目前看來，似乎沒有任何跡象顯示，退休金制度的情況日後會有所好轉。看來，退休金制度很可能成為歷史。

而且，這不只影響到女性，也影響到無數的男性和家庭成員，這個危機可沒有性別之分。

所以，我要再次提醒妳，如果妳要仰賴先生或家人作為個人財務的唯一依靠，可得要好好考慮一下。

靠政府來照顧妳

目前，政府既要擔心社會福利方案，也要擔心老人健保方案，這些方案基本上都已經破產。我不知道，政府是否能將這個問題解決掉。大多數的調查指出，二十幾歲和三十幾歲的人們已經知道，等到自己退休時，社會福利方案或老人健保方案可能已經失效。至於退休金計畫，政府也無法兌現承諾，那些繳一輩子的錢給社會福利方案和老人健保方案的人，最後卻一點好處也沒得到。

這是妳的選擇

所以，日後妳或許還有男人、家人、企業或政府可以靠，但我可不想靠他們。我不想把個人財務未來，全賭在自己無法充分掌控的事情上。

這只是跟決定有關——我要為自己尋求財務獨立，或是要在財務上依賴別人？這是一個有意識的選擇。如果妳選擇在財務上依賴別人，妳就要知道，這等於讓別人為妳的財務健全負責，不管後果是好是壞，妳都得接受。

相反地，妳選擇讓自己財務獨立，就等於放棄短期內的安逸，換取長久的自由。妳決定走上眼前更艱鉅的路途，這是許多女性迴避的道路，但是日後，妳必定會輕易地取得報酬。

我確信凡是努力掌控個人財務獨立的女性，最後一定會成功。而且，當前有很多女性正在日常生活中身體力行。

這是一本有關財務獨立的書，因為我相信對女人來說，想要自由，就必須先在財務上獲得自由。

第一章　與姊妹淘午餐

LUNCH WITH THE GIRLS

「最重要的是，我是女人。」

～賈桂琳・甘迺迪・歐納西斯（Jacqueline Kennedy Onassis）

我喜歡紐約，因為她確實是一個獨具魅力的城市，總是充滿活力、有各式各樣的活動、絕對不會讓你感到無聊。我在時代廣場附近的五十一街上叫了一輛計程車，司機靠邊停讓我上車。街道一如往常般地熱鬧，熙來攘往的企業人士正趕著去開會，街頭小販忙著推銷手錶、皮包和烤栗子，逛街的人盯著商店櫥窗的擺設，饑腸轆轆的男男女女忙著覓食。我也要趕赴午餐之約。「到哪裡？」司機問我。「廣場飯店，」我回答。當天天氣很好，涼爽宜人——湛藍的天空、偶有微風吹起，讓人覺得空氣清新、精神為之一振。

這趟車程比我想像的要近。「車資五．七〇美元，」司機把車停在飯店門口時，跟我這麼說。我下車時，心裡突然覺得有一點緊張又有些興奮。為了趕赴這場午餐約會，我從鳳凰城搭機到紐約。坦白說，我不知道該期待什麼，我甚至不確定有誰會來跟我共進午餐。我心想，這場午餐之約可能再棒不過，但也可能是我的一大失策。不過，可以確定的是，這場午餐之約一定不會無聊。

二個月前，我接到這封電子郵件：

姊妹們，

我們做到了！姊妹淘午餐之約的日期、時間和地點都訂好了。請大家在三月二十二日中午十二點在紐約市的廣場飯店共進午餐！從檀香山到紐約市……沒錯，時光飛逝，時代已經不同。我實在迫不急待想見到大家，聽聽大家這些年來都是怎麼過的。

愛妳們的佩特　敬上

佩特是我在夏威夷大學唸書時的好友，我們是在哲學課上認識的，後來還當過一年的室友。算起來，我們已經二十年沒見了，佩特認為我們這些夏威夷大學時期的姊妹淘該見面了。

在夏威夷大學唸書時，我們這群姊妹淘一共有六名成員。我們認識的那段時間，是一生當中最難忘的時光。當時，我們是住在夏威夷的單身美眉，可以隨心所欲地享受人生。

我們不知道佩特是怎麼辦到的，經過這麼多年，大家早就失去聯繫，佩特竟然有辦法聯絡到每個人。現在，我們各自住在不同的城市，佩特卻能跟我們聯絡上，敲定時間並挑好地點，讓我們這群夏威夷姊妹淘得以團聚。我們彼此失聯好一段時間，能讓我們再聚，佩特的功勞不小。我們當中有些人婚後冠夫姓，所以要從電話簿上找人也不容易，況且我們都離開檀香山到美國發展。我自己就搬過好幾次家，我相信這群姊妹淘也一樣。不過，這件事交給向來精通規劃的佩特去做，讓她發揮神奇魔力，讓這場聚會成真。

距離上次的午餐之約，已經是二十年前的事了，那時候，我們都還住在檀香山。大家剛進入職場，每個人都有滿腔的抱負。我們在檀香山時，一起度過年少輕狂，一起經歷成長。經過二十年了，我迫不及待想知道大家過得怎麼樣……，以及後來各自的生活中發生了什麼事。

我踏上飯店入口的階梯，上頭鋪有紅地毯。門房為我開門，走進飯店大廳時，時間彷彿靜止了。我馬上認出佩特和雷絲莉，她們就站在我前方十呎處。佩特看起來完美無瑕，即使拿下帽子，頭髮還是整整齊齊，服裝也搭配得宜。她腳上的靴子看起來就像新的，跟手套很搭，簡直每一個細節都注意到了，她這個人就是這樣。每次看到她，總會想起電視影集《老搭檔》（The Old Couple）中一絲不苟的攝影師 Felix Unger。

佩特對於每件事情都非常要求，所以，當天她幾乎提早一小時抵達飯店。她要確定跟姊妹淘歡聚有關的每件事都沒有差池。規劃這種事交給佩特準沒錯，不過，她那種絲毫不放過任何細節的做法，也會讓妳抓狂。

雷絲莉站在佩特旁邊，一眼就可以看出她是藝術家。她的衣著是多層次色彩混搭風——寬鬆的長裙、色彩鮮豔的襯衫、背心、絲巾、特大號的外套——每樣東西都很飄逸……，跟佩特截然不同。雷絲莉看起來好像剛被一陣狂風吹過，我很納悶，她肩上揹的那個大包包裡究竟塞了什麼東西。她這種藝術家性格讓人摸不著頭緒，妳永遠不知道她接下來會做什麼。她可能很古怪也有一點神經兮兮，不過她其實很聰明，如果她要畫一八世紀的建築，她會先瞭解那棟建築的由來，先清楚知道那個時代的藝術家及畫風，才會拿起畫筆。她很喜歡藝術，也熱愛將藝術具體表現出來。

我們見面後彼此熱情擁抱，三個女人馬上開始打開話匣子。甚至沒有人發現我們站在那裡講了二十分鐘，後來珍妮絲趕忙衝進飯店。她剛從西岸搭機趕過來，整個人上氣不接下氣的，看起來有一點生氣。她看了我們一眼後就大聲尖叫，「能看到妳們實在太好了！我真不敢相信，我們大家竟然可以在紐約相聚。」她哭了，「我搭車趕過來花了好多時間，加上之前我的會議比較晚開完。外頭天氣真好呢。」珍妮絲一口氣講完這些話。佩特、雷絲莉跟我靜靜地點頭，好像在說某些事（或某些人）都沒有改變似的。珍妮絲還是老樣子，是我們以前認識也喜歡的那個珍妮絲。她總是一次進行十件事，講話速度很快，走路也很快，總是精力充沛，一出現就震驚四座。

我們四個人又站著聊了幾分鐘，後來佩特的手機響了。「太可惜了，」我們聽到佩特這樣說，「好的，我知道了，謝謝妳打電話通知我。聚會的事我再找時間跟妳說，妳自己多多保重喔！」

「崔西說她不能來。她一整個月都在趕一個專案，她原本以為案子忙完了，可是今天早上她的主管又對專案做一項重大變更，使得她沒辦法抽身，」佩特跟我們大家說，「崔西花了很多時間在工作上，她努力要獲得升遷。可惜的是，就像今天這種狀況，她總是把事業生涯看得比自己的生活更重要。她說自己真的很想過來。」

「她現在住在哪裡？」雷絲莉問。

「芝加哥！在一家知名的手機公司上班。」佩特回答。

佩特帶領我們入座。她幫訂了餐廳角落的位置，還在每個人的座位上放了一小盒夏威夷果仁巧克力，紀念我們在夏威夷共度的美好時光。而且，更讓我們驚訝的是，她送每個人一張裱好框的團體照，那是我們二十年前在檀香山聚會拍的照片。我們都知道，今天這頓午餐一定令人難忘。

我們每個人看著那張照片後發現，大家的身材都沒有變。「我確定我們現在還穿得下以前的比基尼。」珍妮絲這樣說，大家都發出噓聲。

「瑪莎呢？她會來嗎？」服務生來幫我們加水時，我問佩特。她回答，「瑪莎很想來看看我們，可是最後不得不取消行程。她的媽媽身體不舒服，如果來紐約，這三天就沒有人照顧她。據我所知，瑪莎的爸爸前幾年過世，她又是獨生女，所以就由她獨自照顧媽媽。對了，她要我代她問候大家。」

「六個來了四個，這樣也很好。」珍妮絲附和說。

接著，服務生一手拿著冰筒、一手拿著一瓶冰鎮過的香檳走過來。佩特真是體貼，每一個細節都考慮到了。服務生在桌上擺好酒杯並為我們斟上香檳。

「我們乾杯吧！」佩特說，「為我們多年的美好友誼乾杯。」我們舉杯互相祝賀。

接下來，我們開心地享用悠閒的午餐。

THE GIRLS

第二章　我的姊妹淘

「記住，佛瑞德．阿斯塔夫（Fred Astaive）做的每一個動作，金姐．羅傑斯（Ginger Rogers）都做到了；不過，她是穿著高跟鞋倒著做的。」

～美國外交家費絲．惠特西（Faith Whittlesey）

我們高談闊論，沒有一刻停歇。大家輪流發言，再發表意見。因為好久不見，所以互相交頭接耳，有好多話要說。我們這群人當中，就屬珍妮絲的嗓門最大，她大聲問雷絲莉，「雷絲莉，跟我說說，妳這二十年來過得如何啊？」珍妮絲的聲音很大，引起大家的注意，我們都安靜下來，聽聽雷絲莉怎麼說。

雷絲莉的故事

雷絲莉開始講著她的故事，「我們上次聚會時，那時候我正考慮離開檀香山，尋找更多機會，這件事妳們還記得嗎？」我們都點頭。「那次聚會的六個月後，我就搬到紐約市。我心想，進入商用藝術界可能是我的最佳機會。很幸運地，我馬上就在一家做圖形設計的小公司找到工作，也有時間開始瞭解這個城市，發現自己真正想要做什麼。起初，我有一點害怕，從夏威夷搬到紐約，對我來說實在是一大挑戰。我以前根本沒有搭過地鐵，後來我開始學會拎著高跟鞋通勤、進公司再換上高跟鞋。我還做過幾個工作，也在布魯明岱爾百貨（Bloomingdales）和梅西百貨（Macy's）的藝品部門上過班。」

「當時，一有空就畫畫，我在自己住的小公寓角落，弄了一個工作室放畫架和畫作。我最喜歡做的事就是帶著裝備，選擇城市裡的一個景點，比方說：中央公園或洛克斐勒中心，然後在那裡畫上幾個小時。幾年前，我甚至在紐約市的畫廊辦過個人畫展。對我來說，那是最有趣的事。那次畫展並沒有讓我賺很多錢，我確實賣掉幾幅畫，而且有人報導我的畫作，實在讓我興奮不已。」

「後來，我遇到彼德，他就像我的夢中情人一樣。彼德是一位藝術家，我們很快就陷入情網，一年後結婚，也生了一兒一女。不過，二位藝術家住在一起，其實不是那麼相配，跟我想像的生活天差地遠。彼德在紐約市有一間工作室，他就在那裡作畫，靠賣畫和教授藝術課程維生，日子還過得去。不過，我認為問題在於我們太像了。我是說，我們都是藝術家！我們都很隨性、一點規劃也沒有，二個人都不懂得理財，花錢也不知節制。我們的婚姻維持六年，後來決定分手當朋友就好。」

「從那時候起，我幾乎是獨力撫養二個小孩。彼德偶爾會拿一點錢給我，但是他賺的錢少得可憐。現在，我的女兒十四歲、兒子十二歲。一有空時，我還是會拿起畫筆，只不過不像以前那麼常畫畫。現在，我在紐約市一家畫廊上班，就在這條街上。對於單親媽媽來說，日子實在不好過。像曼哈頓這種地價如此昂貴的地方，生活費高得嚇人，所以我們搬到紐澤西州，那裡的生活環境比較好，學校也比較好。總之，目前看來，一切還算不錯，只不過我二十幾歲時，可沒打算日後要過這種日子。」

「自己撫養二個小孩那種日子，我實在無法想像，」珍妮絲插嘴說，「我連自己都照顧不好！或許因為那樣，我到現在還單身。而且，洛杉磯的生活費很高，不過沒有紐約市這樣高得離譜。雷絲莉，妳真的很了不起。」

「謝謝妳的誇獎。」雷絲莉回答。

「妳在洛杉磯過得好嗎？」佩特看著珍妮絲好奇地問。

珍妮絲的故事

「我愛洛杉磯，」珍妮絲說，「不過，待在那裡當然還有別的原因，我有自己的事業，而且大多數時間內，我真的很熱愛我的事業。我說過，我一直沒結婚。不過，八年前我差一點結婚了，就在我們打算把喜帖寄出去時，我的男友突然跟我說，他必須去『找尋自我』，之後他就前往歐洲！六個月後，他寫信告訴我，他不認為自己已經做好要結婚的準備，實在很可笑，以為過了這麼久我還沒有搞清楚狀況似的！我上次聽到他的消息是，搬到巴里島或斐濟，跟二十幾歲的年輕美眉同居，我想他終於『找到自己』了。後來，我對結婚這件事一直不太積極。現在，隨著年紀增長，約會行情當然不像以前那麼好。年長男士都喜歡有年輕美眉作伴，我怎麼可能跟年輕辣妹相比？」

「所以，我把重心放在工作。我跟檀香山那對夫婦合作。他們做的是熱帶禮品生意，妳們還記得嗎？我開始跟他們合作時，他們只有一家店，就在檀香山。後來，生意愈做愈好，他們在檀香山開了三家店，在茂宜島和大島也各有一家分店。接著，他們在美國本土的郵購生意業績激增，我跟他們合作五年，負責這方面的業務也存了不少錢，所以我決定大膽冒險，自行創業。當時我心想，既然我瞭解零售業，從事這個領域應該是上上之策。我認為，我自己就做得到。」

「後來我才發現自己錯得多離譜。我原本的絕妙構想是，開一小間食品店。我記得檀香山有一間這樣的食品店，而且那家店生意很好。我投入所有積蓄加上創業貸款，在威基基海灘的繁忙街道上租了一間小店鋪，進了一些貨後就開始營業。我相信這家店一定會門庭若市。結果，我一連四天坐在店裡，卻沒有半個顧客上門，那時我才恍然大悟——我根本沒有打廣告，我只是假定顧客會上門。後來，我還學到這項教訓：銷售不易損壞的物品跟銷售食品根本就不一樣。另外，我還從痛苦的經驗中發現，原來租約上明定，遲交房租要付相當高的罰金。」

「有好幾次，我幾乎想放棄。不過，我決定堅持下去，我打電話給那對夏威夷夫婦，請他們幫忙。」那位太太聽到我開店後笑著說，「歡迎加入創業家的世界！」她說，「告訴我，發生什麼事了。」後來，她成為我的良師並協助我把生意轉虧為盈。要不是她給我那麼多的指點，我根本不可能把生意做好。

「我的生意開始慢慢好轉，當我貼出第一張『徵人啟示』時，我真的好興奮。生意終於好到必須請人幫忙。在第一家店生意逐漸上軌道後，我開了第二家店。第二家店一開始的生意也不太好，不過，後來二家店的生意都愈來愈好，業績和獲利都很穩定。」

「後來，我開始心神不寧，又想到另一個絕妙構想——開一家高級精品店，賣一些讓女人可以寵愛自己的小東西。這家店有讓人放鬆身心的環境，還有從沐浴油和蠟燭等全系列商品，再加上外燴晚餐到府服務。」

「所以，我把檀香山的二家食品店賣掉，到加州實現我的絕妙構想。『太簡單了！』我心想。」珍妮絲停下來嘆了一口氣，「後來，我幾乎把錢賠光了。在洛杉磯做生意跟在檀香山做生意根本是兩碼子事。規則不一樣，人們想要的產品也不一樣，心態完全不同。我簡直是從頭開始學，我學到很多東西，我就長話短說吧，現在我有三家店：二家在洛杉磯，一家在聖地牙哥。剛開始我以女性為目標顧客，不過現在男性顧客愈來愈多。我目前花很多心思在網路上，也設立線上購物網站。網路世界真是奇妙！」

「做生意實在很辛苦，我請了十二名員工，人事管理又有好多故事可說。我經常往返洛杉磯和聖地牙哥，當然也要出差採買商品、參加商展、到處開會協商，讓生意愈做愈好。我真希望可以告訴大家，我賺很多錢；但事實上，我賺的錢都投資在擴展事業上，」珍妮絲跟我們透露此事，「我熱愛工作，但是我真的期待，有一天可以不必這麼辛苦，只要袖手旁觀就能看著錢潮湧進。只不過，那一天似乎比我預期的更晚到來。」

「我回想這二十年經歷的事，這段時間似乎相當漫長。接著，我想起我們在檀香山時那段無憂無慮的美好時光，卻宛如昨日。我們可以回到過去嗎？」珍妮絲說。

我們馬上開始追憶往事，說起大家是怎麼認識的，還有那些海灘派對，那些帥哥，以及我們去外島旅行，我們的第一份工作和交往的男友，我們最懷念的當地小吃和合身的泳衣、下班後的狂歡時刻……，還有那些男士們。

雷絲莉問，「佩特，我記得妳的第一份工作是在報社上班，當時妳好興奮喔！每次一談起上班時發生的事就停不下來，我們根本沒辦法要妳閉嘴。妳現在還寫文章嗎？」

佩特的故事

佩特很喜歡寫作也熱愛時事，大學時主修政治和新聞。她很早就知道自己想擔任駐外記者，環遊世界，報導全球事件。大學畢業後，她只寄出二份履歷表，就是寄給檀香山最頂尖的二家報社。面試時，主考官問她，如果她沒有被錄取，她會做什麼，佩特回答，「我已經為了這場面試準備四年，如果沒被錄取，我不會就此罷休，我一定會盡力爭取，直到被錄取為止。」

一般說來，佩特有些拘謹，她的辦公桌上總是堆滿一疊又一疊的報章雜誌和書籍。她總是忙於追求真相，根本就是對新聞上癮了。她訂了五份報紙，整天只看新聞頻道。如果妳想知道世界情勢，問佩特就對了。她有一種讓我們羨慕不已的確信，她知道自己要什麼，也知道自己的方向。

不過，有時候，生活卻妨礙到我們的夢想。

「我在報社做得很好，」佩特開始講起她的故事，「公司給我更多更棒的工作。當時，不管於公於私，一切都照著我的計畫走。我在報社工作三年後，遇到我先生葛蘭特，我們都有著遠大的夢想。」

「後來，某家全美最大的銀行提供葛蘭特一個很棒的工作機會，但必須到達拉斯。那時，葛蘭特向我求婚，我答應了。我知道我會懷念夏威夷和報社工作的挑戰。不過，這是葛蘭特的大好機會，而且這份工作可以讓我們在財務上獲得保障。接著我們就打包行李前往達拉斯。我並不擔心自己的工作，我想我可以在當地報社找到工作，可是情況卻不如預期，我發現我懷孕了，這件事完全是意外。」

我們大家開玩笑地說，實在很難相信佩特的生活會出現「完全是意外」這種事。這根本不像她的作風。

「或許是吧！」佩特繼續說，「女人一懷孕要找工作實在很難！我想，當時我是自欺欺人，以為找工作不難，事實當然不是這樣。我記得我跟一位面試官說我有孕在身時，他還這樣回答我：『我們何必浪費時間？把妳訓練好，再過六到七個月後妳就請產假。』當時，似乎沒有任何公司急著雇用孕婦，更別說是有新生兒要照顧的新手媽媽。這件事讓我大吃一驚，我只好兼差寫些東西，主要還是靠葛蘭特的薪水過活，這讓我覺得很沮喪也很氣餒，挫折感很重。」

「我跟我老公認為，既然我們想要生二、三個小孩，或許現在趕快生一生，等到小孩長大些，我還可以重新發展新聞事業生涯。結果，耽擱幾年後，夢想就一延再延。我變成三個乖小孩的媽和全職的家庭主婦。葛蘭特升遷過幾次，現在是銀行的高階主管也賺了很多錢，所以我沒什麼好抱怨。因為生活還過得去，不需要我上班賺錢，所以我並沒有重回新聞台。現在，我的三個小孩中，有二個就要上大學了，我終於覺得自己有時間投入寫作，但是新聞界已經改變很多。這麼多年來，我已經錯失良機，也失去衝勁。」

突然間，餐廳裡最吵雜的一桌竟然安靜下來。我們感受得到佩特語帶遺憾，大家都不知道該說什麼才好。後來，佩特挪挪眼鏡看著我們，彷彿要看穿我們的心思，「看吧，每個人都有選擇，我也做了我的選擇。如果我做了不一樣的選擇，人生可能不同嗎？當然會不一樣。不過，我選擇先做一位好母親，把事業擺一邊，我並不後悔這樣做。」她語帶堅定地說。

佩特看清一切，她的話讓我們這一桌的緊張氣氛全消，珍妮絲趁勢舉杯說，「為選擇乾杯！願我們大家對以往的選擇全力以赴，以後也能做出明智的選擇！」我們一起乾杯。

雷絲莉看著空空的酒杯說，「我想我們已經準備好要喝更多香檳，也要聽聽金這幾年是怎麼過的。」

MY STORY

第三章　我的故事

「如果全照著規矩來，樂趣就全沒了。」

～好萊塢傳奇巨星凱薩琳・赫本（Katharine Hepburn）

服務生聽到雷絲莉說的話，馬上過來幫我們倒香檳。他轉身離開後，雷絲莉就問，「金，過去這二十年來，妳的人生究竟發生什麼事呢？」

「這些年發生的事，真的很精彩！」我開始說，「我記得我十三歲時看過一本書，那本書描述四男一女遊遍歐洲，他們都是二十歲初頭的年輕人。故事生動地描述他們一路上的冒險，其中當然有苦有樂。當時我住在紐澤西州，我在那裡出生長大，那本書真的讓我大開眼界，原來除了紐澤西、紐約和賓州，外頭的世界如此廣闊。這就是我後來搬到夏威夷的原因之一。」

「我記得妳的家人住在奧勒岡州，不是嗎？」佩特問。

「我十四歲時，全家從紐澤西搬到奧勒岡，」我回答，「那是我第一次看到外面的世界，頭一次體驗到原來外面的世界這麼大，有好多事物等著我去發現，我決定要看看這個世界。」

「所以，當我爸媽問我想去哪裡唸大學時，我說：『夏威夷。』心想住在夏威夷一定很好玩，有很多新鮮事。我知道爸媽一定會問我，會花多少時間唸書，花多少時間在海邊玩。他們這樣想也不為過。但是，我知道自己不是那種模範生，可能沒辦法在傳統大學裡把書唸好，所以他們答應我第一年先唸夏威夷大學。他們認為，日後我會把這件事拋諸腦後，認真考慮自己的學業。」

「我記得妳確實離開夏威夷一陣子，」佩特說，「不過，妳又回來了啊！」

「是這樣沒錯，」我承認，「因為我想旅遊，所以大學四年內，我轉學五次。最後，在夏威夷大學取得行銷學學士。我們家有三姊妹，我是老么，爸媽盡力讓我們唸完大學。我拿到學位時，就把畢業證書寄回家並附上一張紙條寫著：『恭喜！兩位比我更應該拿到這張證書。』」

「我記得妳爸媽來檀香山玩，那次我見過他們，」佩特說，「他們好有趣喔！」

「我很幸運，」我說，「我爸媽一直是我學習的對象，他們總是跟我說，我想要做什麼，一定做得到。鼓勵我要為自己著想，也一再告訴我：『最重要的是，妳要開心。』他們以身作則地教導我，我媽是學校老師，在一般學校任教，也從事特教工作，她總是樂觀地面對生活。我從她身上學到對人要親切和善、關心別人、別為小事抓狂，她會問：『真的值得如此心煩嗎？』我爸是一位生意人，也很會推銷，我從他身上學到做人要誠實正直。他教導我，答應人家的事就要盡全力做到。現在，我爸媽是我跟羅勃特的最忠實支持者，他們也為我們所做的事感到驕傲。」

「妳跟我們大家一樣，都熱愛夏威夷也留在那裡工作。」珍妮絲說。

「事實上，」我說，「我們住在檀香山時，每個人都還年輕單身，不必負什麼責任，那種日子誰不愛？」

「說得很對，」珍妮絲說，「那真是一段美好的年輕歲月。」

我的第一份工作

我繼續說著我的故事，「我的第一份全職工作，是在檀香山最大的廣告公司行銷部門。以第一份工作來說，那算是很棒的了，因為檀香山是個小地方，所以我很快就認識整個廣告圈，從事這一行的人都很有趣。」

「我從廣告公司的行銷部門開始做起，後來踏入廣告界的另一個領域，開始做起廣告業務。上次我們聚會時，我就是從事這項工作。不知道妳們記不記得，對我來說，業務並不是我拿手的事，公司也沒有提供任何的員工訓練。所以，我只好邊做邊學。當時，二十五歲的我要辦一份雜誌，服務範圍涵蓋檀香山整個商界。主要職責是為這份刊物拉廣告，不過我底下還有二名業務員幫忙。如果廣告賣不出去，雜誌就沒有收入也辦不下去。每一期雜誌發行後，廣告業務的壓力就日漸增加，因為這期的廣告要賣得比上一期還好。我們每個月都忙得焦頭爛額，最後也都完成艱鉅的任務。」

「我還記得，上次我們在檀香山聚會時，妳就是做這樣的工作啊！後來呢，妳去了哪裡？」雷絲莉問。

「我在那家雜誌社待了二年，之後我認為自己該要做一些重大改變。當時的計畫是：步驟一：搬到紐約市這個全球廣告中心；步驟二：在廣告公司認真工作，等待晉升為高階主管；步驟三：在紐約麥迪遜大道的大樓裡，擁有角落窗景的辦公室！那是我的計畫，而我也按照計畫進行……，至少我是這樣想的。」

「我很快就明白這項計畫有一個問題。為了能夠順利獲得升遷，我必須聽命行事，把主管交辦的事情做好，也必須帶頭遵照指示做事。妳們都知道，我真的不喜歡照別人說的話去做。根據以往的經驗顯示，聽命行事並非是我的拿手之事。還記得我在第一份工作時，被開除了兩次吧！」

「所以，我下定決心，該是採取備用計畫的時候了。我承認自己個性有缺點：我沒辦法替別人工作。我跟自己說：『我知道自己該做些什麼，我要當自己的老闆！』」

「不過，這項計畫馬上讓我陷入另一個兩難的困境，因為我對自行創業一無所知。從小到大，我又沒什麼機會可以認識創業家，也不知道該怎樣開始創業。我想要做什麼生意？光是想這些問題就讓我頭大。不過，至少有一件事我很清楚：我想要有自己的事業。至於，怎樣做到是另一回事。當時二十幾歲、大膽冒險的我，還是決定搬到紐約市，一切就等搬過去後再做打算。」

我跟羅勃特的第一次約會

「我約一位好友凱倫到檀香山的 Friday 餐廳討論搬去紐約的計畫，」我說，「我們先到健身房運動完後再去餐廳，進入餐廳吧台入座時，凱倫看到她的朋友羅勃特跟一群死黨也在那裡。我們打了聲招呼……，大概就這樣。」

「我就長話短說，接下來的六個月，羅勃特一直約我出去，我一直拒絕他。我跟他說，我要搬去紐約市，目前不想交往。況且，我後來知道，八年前凱倫就是羅勃特的女朋友。所以，羅勃特打電話跟凱倫說：『凱倫，我知道妳跟金很要好。妳可以幫我一個大忙嗎？』凱倫說：『我就知道你有企圖，你想幹嘛？』羅勃特發揮他的推銷長才說：『我要妳幫我說好話！』凱倫笑著說：『我就知道，你打這通電話並不是要來問候我的！』」

「凱倫當然開始跟我說羅勃特有多好多好。問題是，她把羅勃特說得那麼好，讓我覺得她還喜歡羅勃特。身為好友的我，當然不會搶好友喜歡的男生。所以，二個月又過去了，我還是繼續擬定搬到紐約的計畫。後來，凱倫也讓我相信她跟羅勃特之間已經沒有任何情愫。之後那幾個月，羅勃特熱烈地追求我，他送花給我，出差時寄明信片給我，也常送我卡片和更多的花。有一天下午，羅勃特打電話到辦公室找我，要約我出去。當時，我對他感到好奇，也很喜歡他對我獻殷勤，所以我回答說：『今天晚上如何？』」

「羅勃特很會推銷，他從凱倫那邊得知我最喜歡二樣東西——佳釀香檳和海灘漫步。他只要準備好這二樣東西，就能讓我們的第一次約會加分不少。那時，羅勃特住在鑽石岬海灘的豪華飯店，我開著橘色豐田 Celica 小車到飯店門口時，泊車小弟幫我開車門並說：『妳一定是金，羅勃特在等妳。我帶妳去他的房間。』我們走進大廳，然後搭電梯到羅勃特住的房間。他打開門讓我進去，我們聊了一會兒，接著就下樓到海灘上的密契爾餐廳用餐，這是檀香山最棒的餐廳。領班走過來說：『清崎先生，您訂的位置已經準備好了，是面海景的位置，香檳也冰鎮好了。』天啊！我真的很感動。領班再次出現幫我們斟滿香檳並說：『喜歡的話，你們也可以拿著香檳，到海邊走走。』好了，已經夠了，我被說服了。我們會在一起的。」

一拍即合的事業夥伴

「第一次約會我們就聊到凌晨三點。我還記得那天晚上，羅勃特問我一個關鍵問題。他問我：『妳這輩子想做什麼？』我馬上脫口說出這些話：『我想要擁有自己的事業，我的個性很難聽命行事，而且又喜歡做生意，所以對我來說自行創業似乎就是解決方案。』他的回答是：『創業的事我可以幫妳。』一個月內，我們就一起籌劃第一個事業。從第一次約會開始，我們不但成為人生伴侶，也成為事業上的夥伴。」

「那天晚上，羅勃特也跟我解釋富爸爸教他的經營模式。他畫了這個圖……。」我從皮包裡拿出一張便條紙，把這個圖畫給大家看。

「『我稱這個圖為現金流象限（CASHFLOW Quadrant），』羅勃特說，『這個圖代表商場中的四種人。E代表受雇者（Employee），S代表自雇者（Self-Employed），B代表企業所有人（Business Owner），I則代表投資人（Investor）。』」

「現在，我是在E象限，」我說，「我頭一次看到這個象限圖就問羅勃特：『自雇者跟企業所有人有什麼不一樣？』」

「他解釋說自雇者可能是醫生、會計師、技工或美容師，這種人有自己的事業，也為事業打拚，S象限人士通常是自家事業收入的唯一來源；但是企業所有人是仰賴別人幫忙打拚事業，而且經營企業要運用很好的制度。微軟（Microsoft）、哈雷（Harley Davidson）和星巴克（StarBucks）就屬於B象限。簡單講，S象限和B象限的差異在於：S象限人士休假一個月，就一個月沒有收入；只要不工作，就沒有進帳。但是，B象限人士休假一年，回來時公司還是照常運作。羅勃特說：『投資人I象限的關鍵就是讓你的錢幫你賺錢，這樣你就不必為了錢而辛苦工作。』」

「理想上，我要移動到B象限和I象限，不管我在不在，我的事業都會幫我賺錢，我的投資也一樣。」我做出這樣的結論。

「計畫就是那樣沒錯。」羅勃特說。

「二個月後，我們一起創辦第一個事業。我們設計『雙贏』（Win/Win）這個標語，也把標語印在襯衫和夾克上，在全美各地舉辦的各種會議、研討會和大會上銷售。我們打算靠這個生意創造收入，資助我們在一年內四處旅遊及參加教育課程所需的費用，讓我們為創辦下一個事業做好準備。」

一九八五年，墜入地獄的一年

「一九八四年十二月，我們把所有東西都變賣掉，雖然拿到的錢不多，但還是下定決心離開檀香山，到南加州開創事業。沒過多久，大概二個月，我們就把所有的錢花光了。我們破產了，而且沒有工作。在我們準備好要創辦事業前，我們還有一條漫漫長路要走。當時，我們甚至無家可歸，睡在我那輛豐田 Celica 小車上。坦白說，一九八五年是我們夫妻最難熬的一年。」

「情況究竟是怎樣？」佩特問。

「妳有沒有聽人家說過：『錢沒辦法讓你快樂』？」我問。

「當然聽過。」雷絲莉說。

「那麼，我可以直接跟妳說，沒有錢妳會很可憐。以前我總是認為有錢人很貪婪，他們既狠心又卑鄙。後來我從切身經驗中發現，那些特質絕對不是有錢人的專利。當羅勃特跟我一無所有時，我們會互相爭吵並指責對方。然後，就會心生憎恨——我們當時的情況當然很糟。各自承受很大的壓力，最糟的是，我的自尊心跌到谷底，以往我總是很樂觀開朗，既果斷又有自信。但是，當我們經歷這種艱困時期，我開始懷疑自己知道和深信的每件事，甚至懷疑自己有沒有能力把事情完成。我會問自己：『我是不是什麼事都不懂？』一開始是有些缺乏自信，後來很快就變成一個把我吞噬的黑洞，根本爬不出來。」

「結果，妳是怎麼讓自己脫離這種困境？」佩特問。

避難那一晚

「當時，羅勃特跟我已經淪為要向『稍微』熟識的朋友求助，我們上門詢問朋友是否可以讓我們留宿一晚。在那段可怕時期，有一個晚上讓我們兩人畢生難忘。那天，我們兩個的信用卡都刷爆了。當時，並不是每台刷卡機都能查詢信用卡使用狀況。所以，有一天下午，朋友載我們到聖地牙哥高速公路旁的廉價汽車旅館時，我走進大廳把信用卡交給櫃台人員，心裡暗自祈禱櫃台人員不會檢查我的卡有沒有刷爆。那位櫃台人員留下我的信用卡資料後，就把房間鑰匙交給我。我克制自己雀躍的心情，千萬別在大廳裡高興地跳起來。當我走出旅館大門時，我幾乎是用跑的衝回車裡。『我們有一間房間了！我們有一間房間了！』我興奮地大叫，不過我也盡量壓低音量，別讓旅館櫃台人員聽到。」

「對許多人來說，這只是一間廉價旅館；對我們而言，那天晚上我們宛如置身天堂。我們過馬路到對面的肯德基買了一桶炸雞，然後到隔壁的雜貨店買了六瓶啤酒，接著就回到旅館房間，只剩我們二人。當時，一切都很美好，我們有一個避難所可以遠離風暴。那天晚上，我們緊緊擁抱對方，卻不知道明天會怎樣，但至少那天晚上一切都很好。」

「我相信如果當時我們沒有互相扶持，就無法度過那麼可怕的一年。在那一整年當中，親朋好友們都跟我們說：『你們為什麼不去找工作？』、『先拿薪水過日子，等到你們的生意有起色再繼續做生意。』我們知道去找工作做，就等於退步。我們已經努力跨出第一步，現在當然不能放棄。我們也知道，如果我們打算『領薪水』安心度日，就不可能打造我們的事業。回想起來，當時正是因為處境如此艱難，驅使我們一定要闖出一番事業，必須想辦法脫離困境。況且，要脫離困境並不容易，不是隨便找份工作就行。而且，我們下定決心要打造屬於我們的事業。」

該是我們掌控一切的時候了

我繼續講著剛剛那段時間的故事，「我們終於受夠了這場混亂。羅勃特這時下了一個結論：除了他自己，沒有人可以讓他的人生更美好，所以是該大膽採取行動的時候了。我們決定不再自艾自憐，不再把自己的處境怪罪到別人身上。而且，我們兩人決定要掌控我們的未來，要開始工作。後來，我們也都做到了。」

「你們那時候打算做什麼生意？」

「我們創辦一個以創業精神為主的進修機構，」我回答，「雖然我們搬到加州前，羅勃特在檀香山創辦過幾項事業。不過，他還是花幾年時間研究人們如何學習和一些創新的教學方法。後來，我們的事業愈做愈好，遍及七個國家擁有十一個營業據點。我們經常出差，而且大部分時間都待在海外。」

雷絲莉問，「你們什麼時候結婚的？」

「一九八六年十一月，我們在加州拉荷亞結婚，」我說，「當時，我們的生意還沒有起色，但是我們認為前景可期。」

「後來，你們那間公司做得怎麼樣？」佩特，「你們還擁有那間公司嗎？」

我說到，「一九九四年時，我們經營那家公司已有九年的時間，我們把公司賣掉，開始過著退休生活。當時，我才三十七歲，羅勃特四十七歲。最棒的是，我們自由了。」

「妳是指財務自由嗎？」佩特問。

「是的，我們再也不必為錢工作，」我回答，「那種感覺真棒。」

雷絲莉問，「所以，你們把公司賣掉後，一定拿到很多錢，讓你們再也不必工作，而且當時妳才三十七歲。也就是說，妳有足夠的錢，至少讓妳往後的五、六十年都夠用。」

我笑著說，「那是大多數人的想法。不過，我們並不是因為把公司賣掉才可以退休。如果必須仰賴賣掉公司的錢過活，那麼我們可能在二年內就把錢花光了。」

「我不懂妳的意思。」雷絲莉一臉困惑地說。

「我們可以在一九九四年就退休是因為投資。我們每個月都從投資獲得報酬，當時所投資的標的是房地產，而且用投資報酬支付生活費還綽綽有餘。這就是我說的財務自由。」

我的第一筆投資

「我對投資一竅不通，」佩特承認此事，「對我來說，投資跟我無關。」

「我本來也是門外漢，」我說，「我剛開始投資時，根本不知道投資這二個字是什麼意思，所以花很多時間學習。」

「妳那時候從事什麼投資？」珍妮絲問。

「我從房地產投資開始做起。對我來說，這樣做最合理。一九八九年時，我買下第一間出租房屋，那棟房子位於奧勒岡州波特蘭，是兩房一衛的格局，離我們之前住的地方只有二條街。我必須告訴妳們，這件事是我當時遇過最害怕的事情，擔心投資失利會讓我們血本無歸。我真的不知道該期待什麼。」

「現在，細節我就不多說，」我說，「不過，當我擁有那間房子的第一個月後，收到現金五十美元的獲利時，我實在欣喜若狂，沉迷在那種興奮裡。現在，我掌控價值好幾百萬美元的房地產和其他投資。而且就是透過投資，使得每個月有大筆現金進帳，我現在可以徹底獲得財務自由，財務也完全獨立。」

珍妮絲，「我想到『投資』這個字，就想到共同基金或是股票、債券。通常，我不會想到房地產。妳是靠買賣房地產賺錢嗎？」

「不是，不是透過買賣房地產，而是透過買進並持有房地產。不過，這項主題涵蓋甚廣，如果妳們有興趣，我們可以稍後再談。」

富爸爸公司

「你們退休後，妳跟羅勃特都做些什麼？」雷絲莉問，「我無法想像妳每天在游泳池畔閒晃的模樣。」

「情況當然不是那樣，」我笑著說，「那一年，我們在亞歷桑那州南部山區，一個以藝術聞名的小鎮比斯畢（Bisbee），買下八十五英畝大的農場。農場上有一間破舊不堪的小屋，就像以前西部拓荒時代那種驛馬車站。我們把那間小屋重新改建為一間很棒的房舍，還在溪邊蓋了一個藝術家工作室。那裡沒有電視、沒有收音機……，只有祥和與寧靜。」

「羅勃特就待在比斯畢安靜地寫作，《富爸爸，窮爸爸》（Rich Dad, Poor Dad）一書就是那時候寫的。他在比斯畢寫作時，我在鳳凰城忙著把一間小旅館翻修成一間公寓大樓。那是我擁有的第一間公寓大樓，讓我開心的是，這項投資讓我賺不少錢。」

「《富爸爸，窮爸爸》這本書至今已是《紐約時報》（The New York Times）暢銷書排行榜蟬聯最久的四本佳作之一。在這本書發行前，我們還設計了一個名為現金流 101（CASHFLOW 101）的紙板遊戲，教導人們如何跟我們一樣獲得財務自由。藉由進行這項遊戲，人們就能直接獲得投資經驗，也能瞭解怎麼為自己的錢財負責。這項遊戲的目的是要讓你與眾不同，不必跟大多數人一樣不停的勞碌奔波，讓你得以步上潛藏重大投資的捷徑。而其中的關鍵就在於現金流（cash flow）這件事。當你從個人投資獲得的現金流大於你每個月的生活費，你就能脫離勞碌奔波的日子！」

「於是，我們自行出版《富爸爸，窮爸爸》這本書，在一九九七年四月印刷一千本銷售。坦白說，我們原本以為接下來的十年，就要拿這本書當耶誕禮物送人，因為當時沒有一家書店願意銷售這本書，也沒有通路商願意賣這本書，而我們跟大盤商接洽後，也沒有下文。所以，我們開始自己推銷這本書，我們在朋友開的洗車店開始販售這本書，只要哪裡肯讓我們賣書，我們都願意。後來，靠大家口耳相傳，這本書的銷售量開始逐漸起色。二年內《富爸爸，窮爸爸》就登上《華爾街日報》（The Wall Street Journal）暢銷書排行榜。我們實在開心不已。」

「坦白說，我們當時並沒有打算要創辦另一家公司，不過，富爸爸公司（The Rich Dad Company）現在已經成長到超乎我們所預期。如今《富爸爸，窮爸爸》一書已經翻譯成五十二種不同語言，在一〇九個國家發行。現金流 101 紙板遊戲目前已譯成十六種語言發行，還有更多語言的版本將陸續問世。另外，我們還出版富爸爸系列叢書，也出版富爸爸顧問叢書，邀請專家針對投資與創業提出建言。這項事業持續成長為代表財務自由與財務獨立的全球品牌。羅勃特跟我不但欣喜若狂，也滿懷感激。」

「好精彩的人生喔！」雷絲莉大叫說，「過去二十年，妳的人生實在太精彩了，從無家可歸到提早退休，最後還創辦一個相當成功的國際企業。妳實在很幸運，我真希望自己現在的處境跟妳一樣。」

「我確實很幸運，」我坦承，「不過，我不知道大多數人是否願意，經歷羅勃特跟我為了達到如今的成就而做的忍耐。我們選擇難走的路——這是大多數人迴避的路——我們寧可先苦後樂，讓以後的路更輕鬆些。幸好，這樣做確實獲得回報。這就是我的故事，可以確定的是，這個故事一點也不無趣。」

寫給女人的貼心話

由於富爸爸公司的業務使然，讓我有機會跟許多女性面對面對談，時常有人問我，「可以請妳跟女性談論投資嗎？」這件事促使我提筆撰寫這本書，而此書的主旨就是鼓勵女性採取行動，並瞭解財務獨立並不是一門難懂的學問，只要花一點時間並做一些學習，我們都可以做得到。

我把自己相信的這項重點在本書中再三強調：現在，身為女性的我們更無法像以往那樣仰賴別人讓我們財務無虞，不管妳想靠先生或伴侶、爸媽或老闆，甚至想靠政府幫忙，但是這一切都不可靠。我們目前的處境已經跟我們母親和祖母那二代大不相同。依我所見，女性必須學會投資，好讓自己和子女的生活有保障，這不再是一個選項，而是勢在必行的事。規則已經改變，我們掌控個人財務前景的時候到了。

TWENTY YEARS AGO… IN THE ISLANDS

第四章　二十年前……，在夏威夷

「女人想要男人、事業、金錢、小孩、朋友、名牌精品；想過好日子又想要獨立自由、受人尊敬。想要愛情也想要一雙三美元又穿不破的褲襪。」

～美國喜劇女星菲莉絲．狄勒（Phyllis Diller）

聽完我們這二十年來是怎麼過活後，大家開始回想起夏威夷那段美好時光。每個人開始把「妳們還記得嗎？」這句話掛在嘴邊。

佩特舉手發問，「誰還記得上次午餐聚會的事？」

我們這桌馬上鴉雀無聲，大約三十秒後，我們的思緒馬上回到夏威夷。我們都不是夏威夷人，全都是因為沙灘、棒呆了的生活方式、溫暖的海洋、熱帶宜人的氣候、還有數不盡的樂趣，才選擇到夏威夷唸書。我第一次造訪夏威夷是在高中時期，當時跟家人到夏威夷度假一週。那次假期我就決定，以後一定要住在夏威夷，因為住在這裡的人都是世界上最幸運的人。

我們都沉浸在追憶無憂無慮的單身生活。最後，珍妮絲打破沉默，「二十年前，在大溪地拉那伊島。」

雷絲莉笑著說，「那時候是一月，那天天氣很好、陽光普照。我還記得珍妮絲戴了一頂好大的帽子，瑪莎穿了粉色圓點的緊身上衣，男生們都跟在她們身邊打轉。」

「我記得我們都坐在海灘上，空氣中有防曬乳的味道，」佩特說，「而且，那時候只有指定餐酒、沒有昂貴的香檳可以喝。那真是一段美好時光，沒有重責大任、生活無憂無慮，當時我們根本還沒賺錢，卻過得很好。」

「我們那時候身材好得很，比基尼幾乎都不離身。」珍妮絲大笑說。

「我們真的度過許多美好時光，」我說，「可惜今天瑪莎和崔西沒辦法來，要是我們都能團聚就再好不過。對了，佩特，妳真的很棒，竟然有辦法聯絡到所有人，我們每個人都欠妳一個人情。」

瑪莎的故事

雷絲莉開始述說往事，「我記得瑪莎總是穿著泳裝。她經常在海邊衝浪，對了，她根本就是一位『衝浪女郎』。她在南加州海邊長大的，難怪那麼熱愛海洋以及跟海洋學有關的一切。」

珍妮絲說，「我記得上次聚會時，瑪莎剛到海洋生物研究院（Marine Life Institute）上班，當時她簡直樂壞了。她總是熱愛保護海洋和海洋生物，還懷抱著拯救世界的使命！她的夢想是要跟海洋探險專家賈克．庫斯托（Jacques Cousteau），在那艘知名的卡利普索號（Calypso）工作船上工作。妳們知道後來她實現夢想了嗎？佩特，妳不是跟她聯絡過？」

「我沒有跟她聊太多，」佩特說，「我問她為什麼搬回加州。她說本來是要回去幫忙她父親的事業，因為當時有一名主管突然離職，所以她先幫忙幾個月。後來，她就繼續留下來了。她跟我說，這樣比較輕鬆，況且她隨時可以去衝浪。我記得她形容自己的生活為『相當舒適』。可是，我們聊天時，她的語氣好像很疲憊。顯然，她父親過世了，現在她跟母親同住。我之前說過，她母親人不舒服，只靠瑪莎一個人照顧，她一定很累。」

「所以，她再也沒有從事海洋學方面的工作囉？」我問。

「好像沒有。當我問起這件事時，她好像刻意不談這個話題。」佩特回答。

「真的嗎？我好訝異喔！」我說。

「她有提到結婚或生小孩嗎？」珍妮絲問。

「她沒有說。」佩特回答。

崔西的故事

「崔西呢？她過得怎麼樣？」我問。

「今天稍早我跟她講電話時，她聽起來真的沮喪，」佩特開始說，「因為專案臨時更動，她不能參加我們的聚會，所以很生氣，她說：『企業界實在令人厭倦』。我不知道那是她當時討厭專案臨時變動才這麼說，還是因為積壓已久的情緒。不過，我跟她聊過幾次，每次她講起工作和生活就不是很開心，語氣就是提不起勁。她聽起來很疲倦，我知道她結婚了、生了二個小孩。要身兼高階主管又要教養二個小孩，還要照顧老公，肯定不容易。她真的很棒。」

「聽妳這麼說，崔西真的實現她的抱負了，」我回答，「我跟她是因為工作認識的……，應該可以這麼說吧！你們應該還記得，檀香山在週五下班後會封閉市中心主要道路，所有餐廳都會延長營業時間，現場有樂團演出，街上擠滿人潮，大多是在市中心一帶的上班族，在街上一家家餐廳或酒吧玩個過癮。那是認識人的好地方，也是在市中心工作的好處之一。我就在那裡遇到崔西的，我們聊得很來，後來才發現原來我們都在夏威夷大學商學院就讀。」

我繼續說，「崔西真的很想進入企業界。她的計畫是要當高階主管，聽妳這麼說，她真的做到了。我記得她畢業後，馬上進入當地一家大型食品企業擔任基層員工，而且很快就晉升到相當不錯的職位。她會跟我談起到外島出差的事，還有她有多麼喜歡跟客戶互動。當時，她真的如魚得水，我相信她現在也一樣。」

「過去這二十年竟然發生這麼多有趣的事，實在令人驚訝，」佩特嘆氣地說，「我的人生幾乎跟我當時想的有一百八十度的轉變。竟然出現那麼多我從來沒有意料到的轉變。」

「我想這就是人生吧！總是會發生一些出乎意料的事。」雷絲莉接著說道。

她停了一下繼續說，「我不知道妳們記不記得上次聚會結束前所講的話，因為那些話所以我們今天聚在這裡。」我們都坦承不記得上次聚會結束前說了什麼。

「當時的情況大概是這樣，」雷絲莉開始回想，「珍妮絲遲到半小時，她匆匆忙忙地趕來，上氣不接下氣的。然後一分鐘內講了一大堆話，解釋她為什麼遲到。」

「看來，有些事情從來都沒有改變嘛！」佩特插嘴說。

「嘿！別這樣！」珍妮絲笑著說。

二十年前的約定

雷絲莉開始生動地描述我們二十年前的談話。

「妳們剛才聊了什麼？」珍妮絲一邊放下皮包，一邊問，她那頂大帽子都快掉下了，「我錯過什麼了？快點跟我說，快點說。」

「我們各自把剛說過的話簡短跟她說一遍。然後，佩特說：『不知道二十年後，我們都在做什麼？』」

「二十年後！」瑪莎大叫說，「我們連這頓午餐之後的事都沒在想了，還想到二十年後。」

「二十年後，我們都老了！」崔西大聲宣布。「誰要想那時候的事啊?!」我們都笑了。當時，我們確實都不要想二十年後的事，如此而已。我們只想好好享受跟姊妹淘一起悠閒地共進午餐。

「不過，佩特堅持說：『妳們別這樣，二十年後，妳們認為自己會在哪裡？希望二十年後自己在做什麼？』」

珍妮絲突然說，「我希望自己獨立自主，可以既有錢又時常在熱戀之中，而且盡情地環遊世界。」

「我認同！」

「我也是！」

「我也一樣！」

「把我算進去！」

「我們都在想：『真好！終於不必認真反省，深入討論我們以後要做什麼。大好時光何必想以後呢。況且，我們上小學後就一直被問同樣的問題——妳長大後要做什麼？今天就先把這個問題擺一邊，好好享受一下吧！』」

「不過，佩特繼續說：『我相信，未來幾年我們還是會見面，不過最後我們可能有不同的發展。我們就先說定，二十年後再聚怎麼樣？到時候，看看大家在做什麼，這不是很有趣嗎？』」

「為了要讓佩特別再提以後的事，我們都同意二十年後姊妹淘餐聚時，分享彼此生活的點滴。我們當然沒有討論到時候由誰負責籌辦聚會，也沒討論怎樣繼續保持聯絡直到二十年後。不過，我們倒是做了決定，所以可以好好享用午餐。」

我們都笑了、也稱讚雷絲莉如此生動地描述我們當時在海邊的談話。她說得好極了。

「我記得大家都同意要再聚，其他的事我都忘了。」佩特承認。

「妳只要答應我，我們這次午餐別討論什麼正經事就好。」珍妮絲笑著說。

「這次，我就把決定權交給妳們自己。」佩特說。

「需要點心嗎？」服務生問。

RICH WOMAN™

IT'S ABOUT MORE THAN MONEY

第五章　不只跟錢有關

「妳可以擁有全部，只是妳要的東西不會全部一起出現。」

～美國脫口秀女王歐普拉・溫弗瑞（Oprah Winfrey）

我們無法抗拒點心的誘惑，所以叫了幾道四個人一起吃。服務生轉身離開後，雷絲莉問，「金，妳說妳在幾年前就退休了，對吧？」

「是的，已經是一九九四年的事。」我回答。

「但是聽妳形容，現在的生活並不是過著悠哉悠哉。我認為退休生活就是在鄉村俱樂部打打高爾夫球，或在郵輪上消磨時光。不過，妳退休後好像更拚命工作。」

我笑著說，「我絕對不會說自己的日子很輕鬆。不過，妳提出一件值得討論的事。我想，大多數人想到『退休』就想到那些美好情景——悠閒地躺在沙灘上、跟球友一起打高爾夫球，或是實現以往的旅遊夢想。」

「退休後，我想四處旅遊，也想悠閒地躺在沙灘上。」珍妮絲插嘴說。

「我也是，」我認同珍妮絲的說法，「我也喜歡打一局高爾夫球。對我來說，更重要的是，我喜歡迎接新挑戰也喜歡學習。工作是我生活的一大部分，我的意思是，其實我並沒有過著一般人想像的退休生活，也並沒有停止工作，只是我的財務狀況讓我可以選擇，如果我不想工作就不必工作。我不必再仰賴工作或事業的收入過活。我可以選擇做自己想做的事。我在財務方面完全自由——可以想做什麼就做什麼。」

雷絲莉繼續追問，「如果妳不介意我這樣問，妳是怎樣做到的？我知道妳說過，妳是靠投資收入過活，但我不懂的是，光靠投資的收入怎麼夠退休生活花用。我的意思是，妳現在不必工作，那麼妳先前一定賺很多錢囉。妳是怎麼辦到的？」

「首先，我並沒有賺很多錢，」我開始解釋，「這是一個過程，其實我們好幾年前就開始為財務自由做打算。羅勃特的富爸爸總是跟他說：『你必須學會如何讓你的錢幫你工作，這樣你就不必為了錢而辛苦工作。』富爸爸說，只要是為了錢工作，就不可能自由，因為你必須繼續工作，才會有錢進帳。」

「妳說『羅勃特的富爸爸』是什麼意思？」珍妮絲問。

「那是他好友的爸爸，富爸爸十三歲時就休學工作，幫忙養家，後來成為夏威夷的鉅富之一。羅勃特對金錢和投資的瞭解，大多要歸功富爸爸的教導。」

「羅勃特九歲時，富爸爸開始教他如何讓錢幫他賺錢。我則是從一九八九年開始學習這些事。那一年，我開始學習如何讓我的錢幫我賺錢，也開始進入『投資』界。」

「妳再三地提到投資，」雷絲莉不耐煩地說，「講到投資，我倒是有一些擔心，很多人在這一領域都賠錢！不過我認為這太冒險了，也讓人一頭霧水！妳必須有理財的頭腦，才能瞭解投資！像我這種藝術家，連平衡日常收支都有問題，我不認為自己可以勝任！」

「投資的事我都交給我先生處理，」佩特說，「我就是抓不到投資的竅門，這實在太複雜了。而且，我都搞不清楚股票營業員在說什麼，」接著，佩特問，「妳也玩股票嗎？妳買賣股票賺很多錢嗎？我先生在投資方面，好像只是打平而已。」

珍妮絲補充說，「我持有一些股票和共同基金，可是沒有時間注意這些東西。那是我好幾年前買的，我買進並持有；但事實上，情況好像是買進後祈禱價格上漲似的。況且，我自己的事業就夠我忙的，根本沒空打理投資這回事。」

我靜靜地坐在那裡聽她們講完自己的看法。接著，她們全都看著我，等我回應。我小心地說，「我只說出『投資』這個字，妳們三個人就不自覺地做出反應。雷絲莉說投資很冒險，佩特說投資太複雜，而珍妮絲沒有時間投資。妳們都跟我表明，為什麼投資不適合妳們。」

我繼續說，「我們先回到上一個話題，雷絲莉問我怎麼有辦法提早退休。我說，是透過投資。不過，我先說清楚，投資不是我的目標，當有錢人也不是我的目標。我的目標是要財務獨立。我很早就知道，我在財務方面不想靠任何人，不管是老公、老闆、爸媽、誰都一樣。對我來說，財務獨立就跟自由劃上等號。如果我必須靠別人過活，我就不自由。就這麼簡單。對我而言，財務獨立的定義就是：當我每個月在不必工作的情況下，扣除生活開銷還有錢可以拿，這就是財務獨立。」

「我們可以藉由許多方式達到財務獨立，」我解釋，「我當然可以買彩券試手氣，不過我知道中大獎的機率微乎其微。況且，我不打算靠爸媽的遺產過活，也不打算為了錢而結婚。」

珍妮絲打岔說，「記得在健身中心工作的艾麗卡嗎？她就是為了錢結婚，她老公大她三十幾歲。不知道婚後是她有外遇，還是她老公有外遇呢？」

我們一臉茫然地看著珍妮絲。

「抱歉，我剛好想到這件事，所以插嘴。」她說。

「如我所說，我不打算為了錢結婚，」我接著講下去，「有些人做生意賺大錢。即使像羅勃特跟我一起創辦事業，也不保證會成功。如果我們的事業成功了，我們想經營事業多久呢？所以，當我進入投資界後，我開始對此很感興趣。」

雷絲莉一臉困惑，「妳知道，我說過自己實在搞不懂投資。而且，我現在明白了，我真的不懂投資這個字是什麼意思。」

我笑著說，「我說過，剛開始我也一竅不通。而且，老實說，讓我感興趣的不是投資這個構想，而是『每個月有投資的收入進帳，我不必再工作』這個構想。就像雷絲莉說的，為了不必工作，我們都需要一筆錢。而且，如果我打算靠存款過活，我必須先有一筆存款。可是，如果妳每個月可以從投資獲得收入，妳就不必靠大筆現金存款過活。這樣說有道理吧？」

她們三個人都點頭表示認同。

「所以，對妳來說，更重要的是，每個月可以拿到一筆穩定的收入，而不是累積大量的存款，是嗎？」佩特問。

「是的，」我回答，「這就是所謂的現金流。每個月都有現金流入。」

「妳每個月需要多少的現金流呢？」佩特問。

「好問題。不管我有沒有工作，我都希望每個月拿到的錢都夠我支付生活費用，而且還有剩一些錢可用，就這麼簡單。就從這個目標開始做起：取得每個月產生足夠現金流支付個人生活方式的投資。這件事為什麼如此重要呢？因為當年三十七歲的我，就可以提早退休，獲得自由。當時，我不必再出現在辦公室裡，或對老闆唯命是從。當時，我在財務上不再需要依靠任何人。我可以想做什麼就做什麼。我認為對我來說，就是那個時候，我開始真正問自己：『這輩子我想做什麼？』那種感覺跟二十年前在檀香山時很像，一切才剛開始，我有很多選擇可選，只不過更棒的是，不必再為錢操心。現在，我只要選擇自己想做的事，而且是因為我想做，而不是我必須做。財務獨立是跟擁有更多選擇有關。」

「我再補充一點。我看到許多女性因為靠老公賺錢養家，所以在婚姻生活中忍氣吞聲，或是因為需要穩定的收入而做自己痛恨的工作。依我所見，她們認為『保障』比『自尊』更重要，所以選擇前者。對我來說，那是最令人遺憾的事。許多女性因為錢的關係而選擇悲慘的處境或環境，然後她們還說：『錢沒有那麼重要。』只要問問自己，如果妳擁有全世界的財富，妳認為自己人生跟現在只有些許不同嗎？金錢就有這種力量讓女性受困其中或獲得自由，一切就看女性自己怎麼選擇。」

我的三位姊妹淘都沉默不語，我想我的話確實引起她們的注意。

為什麼女人必須成為投資人

最近，有一位年輕記者跟我接洽並激動地說，「我們必須讓女人知道，她們必須管好自己的錢，不能靠別人來協助理財！」跟她多聊一會兒後，我發現她為什麼這麼激動，原來她現年五十四歲的母親最近剛離婚。離婚後簡直一無所有，現在搬來跟女兒同住，所以她要負責養活自己和母親。光是這個情況就讓這位年輕記者有所覺悟，也讓她激動不已。她為日後做打算時恍然大悟，如果她目前穩定的收入沒有了，她只能靠七千美元存款過活。所以，這些事實驅使她趕緊採取行動。

我在這本書的前言提過，投資的「實務技巧」——如何購買房地產、如何挑選股票，或如何獲得不錯的投資報酬率——對男人和女人來說都一樣。不過，女人為什麼必須成為投資人的原因，卻跟男人大不相同。

我們知道，現今的生活跟母親那一輩大不相同；不過，究竟有多麼不同，可能會讓妳大為吃驚。以下就是女人為什麼必須開始對這個名為投資的遊戲感興趣的六大原因：

一、統計資料

有關女性和金錢的統計資料相當驚人。以下列出的是美國在這方面的統計資料，不過我發現世界各國在這方面的統計資料都相當類似，不然就是往同樣的方向發展。

1. 五十歲以上的女性中，單身女性就占四七%。（也就是說，她們必須為自己的財務負責。）
2. 女性的退休收入比男性的退休收入要少，因為平均來說，女性有十四．七年是離開職場的，而男性則只有一．六年。（女性通常是家庭的主要照顧者。）加上女性的薪資較低，所以女性的退休津貼只有男性的四分之一。（資料來源：National Center for Women and Retirement Research，NCWRR；為全國婦女暨退休研究中心）
3. 婚姻關係有五〇%以離婚收場。（而且，通常離婚後小孩給誰帶？給媽媽帶。所以，現在離婚婦女不但要養活自己，還要養活子女。另外，請妳想想看，夫妻最常為什麼事情吵架？答案就是「錢」。）
4. 女性剛離婚那一年的生活水準下降七三%。
5. 據二〇〇〇年六月十二日安．雷特瑞斯（Ann Letteresee）提出的報告，女性的平均壽命比男性長七至十年。所以女性要為那幾年的花費預作打算。不過已婚的嬰兒潮世代婦女可要注意，因為平均來說，她們可能比先生更長壽十五到二十年。
6. 以全國婦女暨退休研究中心於一九九六年提出的資料來說，一九四八到一九六四年之間出生的女性，很可能因為存款不足和退休福利有限，至少要工作到七十四歲才能退休。

7. 晨星基金投資人（Morningstar Fund Investor）調查報告指出，在貧困老人中，女性就占四分之三，其中有八○%的女性是因為老伴過世而陷入貧困。

8. 日後，每十位婦女就有將近七位會陷入貧困。

這些統計資料告訴我們什麼？我們有更多婦女，尤其是年長婦女並不瞭解也沒有做好準備管好自己的錢。我們花一輩子的時間照顧家人，卻沒有能力用同樣的精力來照顧自己。我們依靠別人——先生或伴侶、老闆、家人或政府——來幫我們處理錢方面的事。再不然，就是抱著船到橋頭自然直的心態，反正從小到大知道的童話故事不都是那樣。以下這三項統計數字請好好思索一下：

1. 九○%的女性在一生當中必須獨力為自己的財務負責……。不過，沒有為此做好打算的女性卻高達七九%。

2. 五八%的嬰兒潮世代婦女退休後，存款不到一萬美元。

3. 據二○○二年的《仕女雜誌》（Ms. Magazine）估計在嬰兒潮世代婦女中，只有二○%的比例不必擔心退休後的財務問題。（換句話說，我們當中有八○%的人都要為退休生活的財務問題操心。不過，當妳翻閱這本書時，就表示妳正往二○%的那邊靠攏。理想上，當愈來愈多女性開始投資理財，原本二○%的比例就會大幅提高。）

二、避免依賴

結婚時，誰也沒想到會離婚；剛換新工作時，也沒想到後來會被裁員。不過，這些事確實有可能發生，而且以現在的情況來看，發生的機率愈來愈高。不過，我先前說過，女人如果靠老公、老闆或別人來提供財務前景，最好要三思，這些人可不是永遠都在妳身邊幫妳。比較有可能的是，我們經常到了自己面臨個人財務問題時，才驚覺自己是多麼依賴別人。

拿我自己的故事來說，羅勃特跟我從第一次約會的一個月後開始，就成為事業夥伴。這麼多年來，我們創辦過一些事業。

大概在我們一起經營公司六年左右，因為一次爭執讓我有所領悟。當時，這家公司的營業據點遍及澳洲、紐西蘭、美國、香港、新加坡、馬來西亞和加拿大。這家公司是由羅勃特負責對外業務並擔任發言人，就商業角度來看，這樣做很有道理。不過，有一天，羅勃特跟我因為對某件事意見分歧，結果情況愈演愈烈，就在我們吵得不可開支時，我氣沖沖地衝出家門。當時，我們倆人都失去理智。我需要一點時間好好想想，所以就到住家附近的山區走一走。我邊走邊想，現實情況讓我大感震驚。

我長這麼大，一直以自己的獨立自主為傲。從高中開始打工，我就明白只要自己可以賺錢，就不必靠別人。而且，即使這間公司是我跟羅勃特從頭開始一手打造的，但是無情的事實卻讓我遭受打擊。我突然間領悟到，如果羅勃特跟我離婚了，那麼我不但失去婚姻，也可能失去事業！因為大家都以為羅勃特才是這間公司的老闆，如果他離開了，整個事業可能會因此瓦解。而且，如果他留下來，我就必須離開。不管怎樣，實情是：我以往一直沒有發現，原來我讓自己完全依賴羅勃特。我實在不敢相信！雖然我知道羅勃特並沒有那樣想，不過，我卻有這種感覺。那時，我才恍然大悟。現在，我想確定不管我做什麼決定，都是為了自己著想，不是因為個人財務考量。

後來，羅勃特跟我一起把爭執解決掉，我們都很清楚彼此要共度一生。但是，那次對實際情況的大徹大悟，讓我的人生有所改變。當時，我已經買了一些出租公寓，只不過是把投資房地產當成嗜好。現在，我發現投資房地產是我獲得自由的手段，所以我開始熱中投資，對我來說，投資不再是一項嗜好，而是一種使命。

當我成為一位投資人時，我還意外獲得一大好處。一旦我瞭解投資遊戲，也學會如何不必為了賺錢而工作，我頭一次領悟到自己不再需要羅勃特。令人開心的是，我發現我是真心想跟羅勃特在一起，不是為了錢才在一起。就在那個時候，我們的關係有了嶄新的意義。

我從投資獲得的另一項大禮是：在這整個過程中，我的自尊日漸提升。結果，羅勃特跟我更加尊重對方，更相愛也更平等，我們的婚姻生活也比以往更幸福。

三、職務沒有上限

許多在企業界打拚的婦女都會碰到職位上限這項障礙，也就是我們所謂的玻璃天花板迷思（glass ceiling myth），這個無形的玻璃天花板之所以存在，就是因為我們的性別，女性只能升遷到某個職位，就如同隔著天花板仰望天空，看得到卻摸不著。

相反地，在投資界，市場不會在乎你是男是女，膚色是黑是白，學歷是高是低，只在乎你有多麼精通個人理財。不斷地進修和累積經驗才是關鍵所在，你愈精通個人投資選擇，投資就愈成功。在投資界，女性不會受到限制、沒有玻璃天花板或其他阻礙。

四、收入沒有限制

由於玻璃天花板迷思在職場上仍存在的兩性同工不同酬現象，女性的收入常會受到限制。研究顯示，跟男性擁有同樣學、經歷的女性，薪資卻是男性的七四%。在投資界，妳可以賺多少錢是不會受到限制的。身為投資人，妳可以完全負責並掌控自己能賺多少錢。

由於我不喜歡別人跟我說，我可以賺多少錢，所以收入無上限這一點實在很吸引我。

五、增加自信

以我個人來說，我認為對女性投資人而言，增加自信是從投資中獲得的最重要好處之一。女性的自信跟養活自己的能力有關，這樣說並不是什麼奇怪的事。要靠別人過活，可能會讓人覺得自己沒什麼價值。如果不必操心錢的問題，妳就可以做自己想做的事。

我看到的情況是，女性一旦知道如何自力更生，馬上就變得自信十足。而且，當女性擁有自信時，周遭的關係通常就會有所改善，日子也愈過愈好，因為她對自己有信心，也做出忠於自己的選擇。妳每獲得一次勝利，也就更有信心。信心大增後，妳就會更看重自己，而這種人就更容易成功，最後就會獲得世上最棒的禮物——自由。

六、控制妳的時間

談到投資，時間就是女性面臨的一大阻礙（通常，這項阻礙對男性來說比較不嚴重）。對於要花許多時間照顧子女的婦女來說，情況愈是這樣。我聽過許多婦女這樣說，「我下班回到家，就必須準備晚餐，幫小孩複習功課，然後把碗盤洗好。等到家人都就寢時，才有自己的時間，而那時候我通常已經累壞了！」

身為投資人，妳可以控制自己的時間。投資是妳可以兼職或全職做的事，是妳可以在家裡、在辦公室，或在任何地方都能做的事。

就算從事投資，妳一樣可以照顧小孩。許多婦女跟我說，她們帶小孩一起去看房子，或參觀投資標的。這樣做的好處是，當妳讓子女一起參與投資過程，其實也是在教導他們成為投資人。妳就成為子女們的老師，就像羅勃特的富爸爸那樣。

我沒有小孩，但我很瞭解想花時間陪小孩的那種心情，看著子女長大，支持子女嘗試任何新鮮事。而財務自由能夠提供的最大好處之一是「時間」。身為投資人，妳可以自由運用時間，不管是要陪小孩或陪老公／伴侶，要度假或檢視投資標的。妳可以掌控自己的時間。

摘要

這六大原因支持女人為什麼必須投資。統計資料證實，對女人來說，時代已經有了很大的改變；統計資料也指出，理財教育不再是一項奢侈之事，而是不可或缺之物。把自己的財務交到別人手上，簡直就像在賭場擲骰子。到最後，可能獲得報酬，但風險卻高得離譜。在職場中，玻璃天花板迷思和收入限制是許多婦女多年來一直努力對抗的，這二樣東西在投資界都不存在。而且，**從事投資還能讓女人獲得二個最棒不過的禮物：認為自己很有價值，以及可以把時間用在自己真正想做的事情上**。現在，對女人來說，投資不再只是一個好構想，而是一個不可或缺的目標。

RICH WOMAN™

I DON'T HAVE THE TIME

第六章　我沒有時間

「只有自己能為自己的選擇負責，而且我們這一生當中都必須承擔個人言行與想法所引發的後果。」

～美國生死學大師伊莉莎白・庫伯勒・羅斯（Elizabeth Kubler-Ross）

佩特打破沉默，「這一切實在令人驚訝。我自己就是這樣，在財務方面仰賴老公，財務決定也由他負責，因為我覺得錢是他賺的，所以有關財務上的決定我就不插手。但我有存一點錢供自己零花。」

「不過，真正讓我驚訝的是，我的好友結婚二十二年，現在正在辦理離婚，等到離完婚後，除了拿到孩子的扶養費，她一無所有。金提到的那些統計資料，就是她的寫照。況且，她已經離開職場十八年，年紀也快五十歲了，還要想辦法賺錢養家，她根本不知道該在履歷表上寫些什麼。她實在嚇壞了。」佩特說。

珍妮絲看起來有一點不安。「我想問妳，」她開始說，「我熱愛我的事業，日後也打算繼續發展事業生涯，或許最後會把事業賣掉大賺一筆。既然這樣，為什麼我必須投資？我覺得我這個計畫已經很妥當了。」

「妳的計畫很棒，」我跟她說，「我剛才提到，投資就是讓妳有更多的選擇。如果妳打算實現妳的計畫，那當然很棒。而且我知道妳一定會讓夢想成真。我剛開始創辦富爸爸公司時，財務已經獨立，這一點確實讓我們把事業經營得更成功。我們創辦那家公司時，羅勃特跟我不需要靠公司的收入過活。所以，每當我們要做決定時，我們就問自己：『對公司來說，哪一項決定最有利？』而不是問：『哪一項決定能讓我們自己賺最多錢？』光是這樣做，就讓公司獲得驚人的成長，也讓我們為事業做出更好的選擇。」

「我的好友卡洛也很熱愛自己的事業，」我繼續說，「她是一名牙醫，有自己的診所。最近，她被診斷出罹患乳癌。幸好，醫師及早發現她的病情，所以她的健康狀況並無大礙。在經歷過這場痛苦經驗不久後，她打電話跟我說：『對我來說，生這場病給我敲了一記警鐘。我本來是一位成功的牙醫師、有很好的收入、也熱愛自己的工作，卻在突然間得了癌症。當時，我馬上意識到，如果我不能工作了，會發生什麼事。我原本豐厚的收入將迅速消失，存款可能只夠我花用一年。當時，我好害怕，不但要面臨癌症這項殘酷事實，還要擔心錢可能不夠用。』」

「卡洛在對現實狀況有徹底領悟後，現在她擁有幾間出租公寓，讓她每個月有穩定的收入，也雇用其他牙醫師到她的診所工作。如果她之後選擇不執業，診所還是可以照常營運。」

「而且，」我說，「這只是跟提供自己更多選擇有關。」

珍妮絲同意地點頭。

女人的第一大藉口

「不過，珍妮絲，妳倒是問了女性或任何人在開始從事像投資這類新事物時，應該問的最重要問題。」

「我問了什麼？」

「對於這個問題，如果妳沒有誠實的話，就可能把成功的機會斷送掉，」我說，「首先，我先說清楚：今天並沒有要說服大家成為很棒的投資人……，即使我認為妳們若能做到這樣的話，應該是一件相當明智的事。相對地，今天大家聚在一起是要聊聊彼此的近況，開心享用午餐，跟好友一起敘舊。」

「沒關係，」佩特說，「討論投資，我認為很不錯啊！」

「那好，因為有時候我忍不住要把這些年學到的東西，跟我關心的人一起分享。而且我一旦開始談論此事後，就會講個不停。所以，如果妳們覺得我在說教，真的很抱歉。我做過的事和學到的東西，並不是因為我聰明、有學士學位、有特殊技能，或比別人懂得更多，也不是因為我想到什麼絕妙構想，跟這些事都無關。我跟許多很棒的老師學習，他們大多不知道自己是老師，他們是企業人士、投資人、作家和我的親朋好友。所以，當我談起投資和我目前在做什麼時，我跟妳們分享的事就結合了這些人的知識與經驗。」

「我今天真的沒有要說服妳們做什麼，只是因為我看過好多婦女從事投資後，生活過得更好，所以我很想讓妳們也多瞭解投資。與其讓我一個人大聲地說下去，倒不如另外找時間再談論投資，如果妳們有興趣的話，現在我們就先慶祝這次的團聚吧！」

那個最重要的問題是什麼？

「別那麼快結束這個話題，」珍妮絲突然這麼說，「妳說，我問了一個重要問題，我想知道我問了什麼。」

我看看佩特和雷絲莉，「妳們兩個人也想聽嗎？我可以待會兒再跟珍妮絲討論這件事。」

「沒關係，繼續說，」雷絲莉大聲說，「這件事我當然想聽啊！坦白說，妳談起投資這方面的事，讓我好驚訝，因為我一直想在這方面找一些答案。」

佩特跟著說，「對啊！我很專心聽妳所講的這番話，即使某些話剛好講到我的痛處。不過，請妳繼續說下去。」

「好吧！」我開始說，「珍妮絲確實問了一個再重要不過的問題。不過，在告訴大家那個問題之前，讓我先給大家一些提示。我先問妳們一個問題。如果我說，我們每星期花三天的時間健身來保持身材，妳們認為怎麼樣？」

「我太忙了，而且我還要照顧生意，不可能空出那麼多的時間。」珍妮絲先說。

「我也沒辦法每週休假三天不工作，那樣做花太多時間。」雷絲莉接著說。

「如果我有時間的話，我會這樣做，因為我的身材真的走樣了。」佩特說。

「時間！一切都跟時間有關，不是嗎？」我問。她們都點頭表示認同。「我們都太忙了，都沒有時間。即使我們知道做某件事對我們有益，卻沒有空去做。」

「所以，妳的意思是什麼？」雷絲莉問。

我繼續說，「當我們不想做某件事時，通常會找藉口，假裝自己有理由不做。這些理由聽起來很有道理也可以接受，但是說穿了根本就是表明：『我不打算做那件事』或『我不想做那件事』。而且，妳們應該知道，每個人找的第一大藉口是什麼？」

「我沒有時間！」雷絲莉說。

「正是如此！而且，我們通常都沒有時間。我們有多麼常說：『如果每天能多幾個小時，那有多好？』女性更是如此。我們當中有多少人既要顧好工作又要照顧老公和小孩，還要維持親密關係並兼顧日常生活中的各項活動？所以，有人建議增加另一項活動時，當然會讓原本就不夠用的時間受到壓縮。」

「當我們說：『我沒有時間』，其實只是在說：『我現在做的事比妳建議的額外活動更重要。』說『我沒有時間』並沒有什麼對錯可言。重要的是，問問自己：『究竟什麼最重要？』通常，沒有時間這個藉口是我們自然而然的反應，因為我們已經為現狀忙碌不堪，無法想像再給自己增加任何負擔。」

「那麼，如果我們確實忙於工作和日常活動，真的沒有時間呢？」珍妮絲問。

「那是一個好問題。」我承認。

「我很會問問題，卻不太會回答問題。」珍妮絲笑著說。

「我們剛好藉此切入妳原先問的問題，」我這樣回答，「當我跟女性談起開始投資這件事時，我聽到她們找的第一大理由和藉口就是：『我沒有時間！』所以，如果妳要忙於家庭、事業、慈善活動、運動和日常活動時，就連跟親友聯繫都沒有時間了，又怎麼找得出時間做投資呢？」

「遺憾的是，一天只有二十四小時，不可能多增加幾個小時。我跟許多婦女談過後發現，『找出時間』就能解決珍妮絲原本提出的問題。」

「我原本提出什麼問題呢？」珍妮絲懇求我趕快說出來。

「妳原先提出的關鍵問題是：『為什麼我必須投資？』」

現在，她們三個人都一臉困惑。

「為什麼這是最重要的問題？」雷絲莉一臉茫然地問。

找出妳自己的理由

「因為大多數人以為投資的首要步驟就是學習投資實務技巧，」我回答，「比方說：要怎麼找到一位優秀的房地產仲介人員、怎樣擁有買權、如何發現絕佳投資商機。這些實務技巧不難學習，只是要花一些時間（又提到時間了）、上一些課。不過，投資的首要步驟其實是：弄清楚妳為什麼想投資或必須投資。為什麼妳要接受這項挑戰？哪一件事情能夠真正激勵妳並鞭策妳，花時間和心思成為一位優秀的投資人？」

「我只想賺夠多的錢，讓我不必每天上班。」雷絲莉打從心裡說。

「『賺夠多的錢讓妳不必工作』這個理由能激勵妳去看書、四處奔走、參加研討會、向投資專家請益，或利用休假學習跟投資有關的東西嗎？」我問雷絲莉。

「這聽起來要做的事好像太多了。光想那些事，我就覺得累。」雷絲莉回答。

「所以，那不是妳想投資的真正理由。如果妳的理由無法激勵妳，那個理由就不夠充分，不足以讓妳採取行動。」我向大家說明。

「那麼，什麼是充分的理由？」佩特問。

我想了一會兒後說，「還記得我問大家，每週花三天運動吧？」她們都點頭表示記得。「顯然妳們都不認為那是充分的理由，但也都提出一個不那樣做的理由，也說明妳們為什麼無法遵守那項約定，對吧？」我問。

她們再次點頭表示贊同。

我繼續說，「如果妳們到醫院檢查後，醫生說妳罹患罕見疾病，如果每週不花三天運動就會死。現在，妳是不是有充分的理由了？」

她們都睜大眼睛看著我。

「我一定會照醫生的話去做，」珍妮絲說，「突然間，運動就變成我的第一要務。」

「妳說對了！」我興奮地說，「起初，運動在妳的生活裡一點也不重要。一旦妳發現這個理由，運動就成為最優先要務。當我提到找出妳自己為什麼要投資的理由時，指的就是這個意思。」

「所以，如果妳沒有發現妳之所以要投資的真正理由，妳就不會在意投資，也可能不會採取行動。」佩特說。

「或者，即使有投資計畫，也不會照計畫進行。就算妳開始投資，後來很可能會興趣缺缺，最後不了了之，」我補充說，「想想看，我們有多少次開始進行似乎很重要的事，最後卻不了了之？我們起初或許因為那是不錯的構想，所以就去做了；但是，我們從來沒有花時間找出我們做那件事的真正原因。說到開始進行投資，就要知道投資有一個重要的學習曲線，『我想賺更多錢』或『我想買出租公寓』或『我想退休』這些理由是不夠的。雖然這些也是理由，但我懷疑當妳遭遇挫折或覺得自己做得『夠多』卻不見成效，打算放棄時，這些理由可能無法鼓勵妳繼續撐下去。妳自己為什麼想投資的理由必須夠充分也能讓妳感動，當妳開始懷疑自己在做什麼時，妳的理由就能激勵妳繼續做下去。」

「所以，只跟自己說：『我應該投資』或『某某人說這是一個好主意』，這樣根本不足以打動我繼續投資，因為我並沒有找出投資究竟能給我帶來什麼好處。」雷絲莉說。

必須投資的一些理由

「雷絲莉說得很對。其實幾天前，我才聽到一個很棒的理由，」我說，「我跟彼德這位紳士聊天，他是一位單親爸爸，有一個七歲大的兒子。他跟我說：『我目前擔任工程師的職務，每天早上只有幾分鐘的時間看看兒子，然後同學的爸媽就來接他上學，接著我就去上班。幸運的話，我能趕在兒子上床前回到家。我想獲得財務自由的理由很簡單，我希望每天開車送兒子上學。就這樣。後來，我花了四年的時間，現在我已經獲得財務自由。我從投資獲得的現金流讓我生活無虞，現在，我每天開車送兒子上學。在洛杉磯繁忙時段塞在車陣中，我可能是唯一還笑得出來的駕駛人。』這就是一個相當充分的理由。」

「這件事讓我想到隔壁的鄰居，」雷絲莉說，「她是一位單親媽媽，經常跟我訴苦。」她的爸媽在她五歲時就離婚，由爸爸拿到監護權。問題是，她爸爸很少在家，不是忙於工作，就是忙著追女朋友。她從小到大的生活都不穩定，爸媽也沒有好好教養她，根本是由好幾位褓姆帶大的。因此，她只想讓自己的小孩知道，他們每天都受到疼愛、保護和照顧。她會盡可能找時間陪小孩。不過，她跟許多婦女一樣身處兩難困境，她必須全職工作養家，有時候晚上也必須工作。她有充分的理由必須獲得財務自由，只是她毫無頭緒該怎麼做。」

「我妹妹是另一個例子，」佩特說，「她從小就夢想要環遊世界，看了很多介紹各國風俗民情的書，也經常以外國景點當成學期研究報告的主題。她蒐集一大堆小冊子和報導，都是她想去造訪的地方。她常跟我說，真想趕緊實現夢想，以免老了走不動。每次講到環遊世界，她就非常興奮。」

「說真的，理由實在多得數不清，我相信每個人都有自己的理由，只是我們沒有花時間找出來。可惜對大多數人來說，總是遇到狀況才讓自己警覺理由何在。」

「妳說的『警覺』是什麼意思？」珍妮絲問。

「記得我剛剛說的那位牙醫女友吧？她就是在醫生宣布她患有乳癌時，警覺到自己的理由。其實，當時她警覺到二件事，一是自己的健康出狀況，於是她開始研究乳癌。可能造成乳癌的原因是什麼？她該怎麼做才能增加自己的治癒機率？她需要改變飲食或工作習慣嗎？突然間，健康變成她最關心的事。」

「她的第二項警覺跟金錢有關。她領悟到如果自己無法工作，就沒有收入。她根本沒有什麼存款，如果沒辦法工作，就沒辦法過活。就是這種意外打擊，讓她必須開始掌控自己的財務前景。」

「我看到很多人都是因為生病，才開始重視自己的健康，」珍妮絲補充說，「我們大多是遇到健康問題時，才開始把健康擺在第一位，才開始認清健康的重要性。對我來說，每天早上鬧鐘一響就是一場奮戰，我究竟要上健身房或是繼續睡覺？」

「我有時候也會那樣。」雷絲莉說。

「我可不是有時候會那樣，而是經常那樣呢！」我接著說，「回到先前說的『我沒有時間』

這個第一大藉口，一旦找出妳想投資的真正理由——或是妳想從事任何新活動的理由——『我沒有時間』這個藉口就消失了。」

「因為這件事已經變成妳生活中的第一要務，」佩特接著說，「因為我明白，這樣做對我有什麼意義。」

雷絲莉接著說，「這真的跟我們二十幾年前剛出社會時的情況沒有什麼不同。當時，我們以事業為優先，也全心全意投入。我們都興高采烈地接受那項挑戰！我們花最多時間在工作上，剩下的時間才用在交友和海邊嬉戲。對當時的我們來說，事業生涯最重要。不過後來，我似乎漸漸喪失對生活的主導權，我沒有規劃生活大小事的優先順序，反而是看看生活中發生什麼事再做因應，難怪我現在的處境會是這樣。現在，我終於明白自己根本沒有把真正重要的事，當成優先要務看待。」

「好有哲理的一番話，」珍妮絲開玩笑地說，「不過，說真的，這項討論真的很棒。現在，我領悟到，原來我只給自己一個選擇——創辦事業，再把它賣掉——如果情況順利的話，那當然很好。不過，如果有意外狀況發生，或者我把錢都花光了，那該怎麼辦？我真的需要更多的選擇，而且我很喜歡『每個月不必工作就有錢可拿』這個構想。這部分再跟我們仔細說明吧，因為那可是我毫無所悉的主題呢。儘管我目前有自己的事業，但我現在也打算開始思考我要投資的理由，為什麼我要投入時間和精力獲得妳提到的財務獨立。這個構想真的太棒了。」

「經過這些討論，」佩特補充說，「我不確定自己以前有沒有停下來想想，到底是基於什麼理由做事，就只是因為事情必須做就做，也從來沒有坐下來跟自己說：『這些事是我的優先要務。』我只是照著日常生活作息過日子，從來沒有質疑過自己為什麼做那些事。現在，我明白這一點後，我知道自己可以對生活有更多的掌控。」

雷絲莉大聲地說，「我們怎麼談著談著，就講到這麼嚴肅的話題？天啊！一開始是美好悠閒的午餐，現在我們開始談起改變我們的世界！是誰先起頭的？」我們安靜了一會兒。後來，雷絲莉繼續說，「不管是誰先起頭的……，都要感謝她……，這正是我需要聽到的話。」

我們都同意要繼續保持聯絡。或許我們下次可以找瑪莎和崔西一起見面。這次團聚真是棒極了。我們很高興大家都抽出空來，我們也再次感謝佩特為這次午餐約會費盡心思。接著，我們走出飯店等候計程車。第一輛計程車過來時，珍妮絲大聲說，「天啊！我竟然忘了要參加廠商的開幕典禮！都忘了看時間了！」她一邊跳上計程車一邊說，「今天實在很開心！記得打電話給我！」然後就匆忙地離開。

我們三個人看著對方——是啊！有些事從以前到現在都沒有改變。

如何找出妳自己為什麼要取得財務獨立的理由

找一個不會被打擾的地方，讓妳可以靜下心來跟自己交談。花一點時間進行下面的步驟，不要趕時間。或許馬上就可以找出自己為什麼要取得財務獨立的理由，但也可能要再三思考才能找出這項理由。

一、問問自己，「我想要取得財務獨立的真正理由是什麼？」接著想想看以下三個問題，然後將思考過的每個問題寫下來：
1. 如果妳再也不必工作，妳會做什麼？
2. 如果妳有時間做妳真正想做的事，妳會做什麼？
3. 如果妳不必再操心錢的問題，妳的人生會有什麼不同？

二、再問自己，「我究竟為什麼想要取得財務獨立？」好好思索一下，再把所想過每件事寫下來。

三、再問自己一次，「我想要取得財務獨立的最真切、最由衷的理由為何？」也是一樣，把想到的事情全部記下來。

拿以上的問題一次又一次地問自己，每次都更深入一些，直到妳很清楚自己要獲得財務獨立的真正理由。

RICH WOMAN™

WHAT DOES IT MEAN TO BE FINANCIALLY INDEPENDENT?

第七章　財務獨立是指什麼？

「我不希望女人掌控男人，而是希望她們可以自我掌控。」

～十八世紀英國女權主義先鋒瑪莉・伍斯頓克雷夫特（Mary Wollstonecraft）

財務獨立究竟是什麼意思？是表示高薪工作及養得起自己嗎？或是存一大筆錢可以讓自己花個三十或四十年？還是說指望有大筆遺產可拿？或指望配偶給一大筆贍養費？對許多人來說，財務自由可以解釋成，「我打算工作到六十五歲就退休。」

然而，財務獨立這件事牽涉到許多構想。接下來，就跟大家分享我使用多年的財務獨立定義，就是這項定義讓我能在三十七歲就提早退休。

首先，我先說明：我極力推薦妳看看我先生羅勃特寫的《富爸爸，窮爸爸》這本書。這是羅勃特以他二個「爸爸」的真實故事撰寫的一本書。「窮爸爸」是羅勃特的爸爸，是一位很有教養的博士，也是夏威夷州的督學。羅勃特稱他為「窮爸爸」，因為不管他賺多少錢，每個月還是捉襟見肘，錢都不夠用。羅勃特的「富爸爸」在夏威夷當地建立自己的房地產帝國。所以，

《富爸爸，窮爸爸》就是關於二位父親教導兒子（羅勃特及其好友）如何理財的故事。

我所遵循跟金錢、財富和財務自由有關的哲理與概念，大都是跟羅勃特學的，他時常談起富爸爸，也將富爸爸的教導透過寫作跟大家分享。所以，與其由我轉述富爸爸的教誨，我建議妳自己看看《富爸爸，窮爸爸》這本書。這本書將提供妳一些基本原理，讓妳為投資打好基礎。如果妳真心為自己的財務前景著想，就一定要看那本書。

從富爸爸的相關資訊中，最讓我震驚的一件事是，富爸爸獲得本身財富的方式幾乎跟「財經專家」告訴我們的做法截然不同。投資不是一門艱深的學問，它並不複雜，只是需要一點時間、上一些課，也需要一些常識。

那麼，回到財務獨立這件事情上，究竟財務獨立的意思是什麼？我先表明，我接下來列出的定義是我依循多年，也會繼續遵守的定義，因為它讓我維持並擴大自己的財務主權。我聽過很多人用許多不同的方式定義財務獨立。這些定義並沒有對錯可言，我只是說明我在投資時使用的觀點和標準，最後我也因為遵守這項公式而獲得財務自由。

我用來獲得財務獨立的公式，就是富爸爸教導羅勃特的，有關這個公式的詳細說明請參見《富爸爸，窮爸爸》那本書。這項公式是：**我購買並創造能產生現金流的資產，然後利用個人資產產生的現金流來支付生活費。一旦我每個月從個人資產產生的現金流等於或大於每個月的生活費，那麼我就獲得財務獨立**。現在，我已經獲得財務自由，因為我的資產產生的現金流足以支付生活費，我再也不必為了錢而工作。

資產是什麼？

羅勃特的富爸爸很有一套，他很擅長用簡單的言詞說明事情。我自己就運用他對資產做的這項定義：「**資產的意思就是，如果妳不再工作，還能將錢放進妳口袋裡的東西**。」就這樣，很簡單吧。如果妳今天起不再工作，也就沒有薪水可拿，那麼什麼東西還能讓妳有錢放進口袋呢？第一次聽到這種說法的婦女通常回答說，「沒有什麼東西可以讓我有錢放進口袋裡。」既然這樣，不再工作就表示沒錢可用。

有一位女性堅稱，「不過，我的鑽石手鐲是一項資產。」

我跟她說，「妳打算賣掉它嗎？」

「當然不要！」她氣憤地說。

「那麼，這樣東西今天有讓妳拿到錢嗎？」

「沒有。」她小聲地承認。

「那麼，事情就很簡單。根據富爸爸的定義，這東西就不是一項資產。等妳把它變現那一天，那樣東西才算是一項資產。」

資產可能是產生現金流的出租不動產，或是讓妳每年產生現金流的投資事業，也可能是發放股利的股票。關鍵在於，資產是讓妳定期有錢可拿、提供妳正現金流的一項投資。

相反地，根據富爸爸的定義，**負債就是從妳口袋把錢拿走的東西**。所以，如果妳不再工作，妳的車子可能每個月從妳的口袋把錢拿走，支付車貸、油錢和汽車保養費用。妳的房子可能每個月從妳的口袋把錢拿走，支付房貸、房屋稅、產物保險費和房屋修繕費用。

根據富爸爸的說法，人們之所以會陷入財務困境或無法獲得財務成功的原因在於：擁有負債，並且誤以為這些負債就是資產。我跟富爸爸學到的重要啟示之一是，充分地瞭解資產與負債的差異。

所以，這項公式的第一個部分就是：**購買或創造資產**。而且，根據富爸爸的說法，**資產就是能產生正現金流的東西**。

現金流是什麼？

在取得資產時，我會專注在二個關鍵事項上。現金流就是我最專注的首要事項。

比方說，妳花很多錢進行一項投資，可能是投資股票、房地產或某個事業。讓妳每個月（每季或每年）拿到一筆投資報酬。

以投資股票來說，股利就是妳所購買股票產生的一種現金流。

以投資事業來說，假設妳投資二萬五千美元在朋友做的美食新生意上（請注意，我這樣說可不是建議妳拿錢投資朋友做的事……，那可要另當別論。）假設每個月妳從這項生意獲利四百美元，那麼這四百美元就是這項投資每個月產生的現金流。

以投資房地產來說，假設妳支付二萬美元頭期款，買下兩間出租公寓總值十萬美元。每個月底，妳拿到租金並支付公寓開銷和房貸後，拿到淨利三百美元。則三百美元就是妳的現金流，直接進到妳的口袋。

若不是為了現金流而投資，妳還能為什麼投資？大多數人投資是為了這二種原因的其中一種：現金流或資本利得。

資本利得

資本利得是一次獲利；現金流則是持續獲利。舉例來說，妳花十萬美元買了一間房子，後來賣掉房子拿到十三萬美元，在支付仲介佣金和交易費用後，淨利為二萬美元。那麼，這二萬美元就是妳的資本利得。

如果妳投資股票，在每股二十美元買進，二十五美元賣出，那麼妳從這項交易取得的獲利就是資本利得。

為了實現資本利得，妳必須賣掉妳的投資或資產。所以如果要再一次取得資本利得或獲利，妳就必須再做另一筆投資或資產的買賣。為現金流而投資就不一樣，只要妳繼續持有資產（並且妥善管理資產），現金流就會持續流入。一旦妳出售那項資產，現金流就會停止。一旦妳賣掉那項投資後，妳的獲利就歸為資本利得這個類別。

妳如何計算現金流？

計算從股利和事業（假設妳是投資事業、而不是經營事業）取得的現金流，其實很簡單。當妳買進發放股利的股票時，股利就是妳的現金流。所以關於現金流這個部分，根本無須計算。不過，我們稍後會討論跟計算現金流有關的重要公式。

計算事業投資的現金流是不一樣的。妳花一大筆錢做投資，每個月或每季從所投資的事業獲得一筆報酬。通常，妳獲得的現金流來自投資事業的獲利。如果妳不太熟悉這些計算方式，不妨以儲蓄帳戶為例，每個月從存款取得的利息，就可以視為現金流。儲蓄的問題在於，目前的利率只有一到二％左右，所以妳能取得的現金流幾乎微乎其微。身為投資人，當然希望妳的錢幫妳努力賺錢，報酬率只有一到二％，實在成效不彰。以投資房地產為例，不管妳的投資標的是獨棟住宅、公寓大樓、辦公大樓或購物中心，計算方法都一樣。計算公式如下：

	租金收入
－	費用
－	抵押貸款（房貸）
＝	現金流

這項公式中不可或缺的部分是，**要讓妳的現金流是正值，不是負值**。

為什麼現金流對財務獨立這麼重要？

對我來說，財務獨立只代表一件事，那就是：自由。

我可以自由地做我想要做的事，不管是要悠閒過活或開創新事業都行。也可以自由地選擇跟誰來往，隨心所欲地調整我的時間表。我的時間完全屬於自己，不必依照別人的要求更動。

自由表示我有更多的選擇。如果妳可以選擇搭乘經濟艙或頭等艙，妳會選哪一個？大多數的人都沒有這種選項，他們只能搭乘經濟艙，因為頭等艙太貴了負擔不起。如果可以選擇在物美價廉的墨西哥玉米餅攤或在五星級餐廳用餐，妳會選哪一個？這可能要看妳當時的心情而定。（我可能會選墨西哥玉米餅攤。）重點是，擁有財務自由，妳就可以選擇。對許多人來說，他們只有一種選擇，就是選便宜的東西吃。

所以，現金流跟這件事有什麼關係？只要我必須工作，我就不自由。（當我獲得財務獨立時，我可以選擇工作，但是這跟必須工作是截然不同的。）如果我每天必須做某件事才能有錢過活，那麼我就不自由。

我喜歡正現金流的原因是，不管我有沒有工作，每個月都有錢進帳。我的公寓大樓每個月都會幫我賺錢，讓我有錢進帳。我的商用不動產每個月也定期幫我產生可觀的報酬。羅勃特每個月也有版稅收入，讓他不必再工作。他寫的書在讀者間口耳相傳、大力推薦下，讓他獲得穩定的現金流。所以，不管羅勃特有沒有工作，他都有錢可以拿。

所以，投資的首要目標就是，取得足以支付生活費的現金流。我想購買並創造讓我不必工作就能產生現金流的東西。我們將這些東西稱為資產。

我想要我的資產替我工作，而不是讓自己為了錢工作。

所以，對我來說，資本利得是次要利益，不是首要使命。為了取得資本利得，我必須出售資產。之後，那筆錢花完了或用來支付生活費後，我就必須再買賣另一項資產，才有錢可拿。然後，這筆錢又用來支付生活費，於是我又必須再買賣另一項資產，這種循環就持續下去。事實上，我根本不自由。

有些人說，「我只要存夠錢，讓我後半輩子無憂就好。」沒問題啊！只不過請想想，「為了讓自己有足夠錢花用，妳必須工作多久、存多少錢？當妳退休時，存款利率又有多少呢？妳想要因為擔心錢不夠用，就對生活錙銖必較嗎？為了有錢可存，妳必須降低生活品質嗎？而這些只是妳必須好好思考問題中的一部分。」我知道對我和羅勃特來說，有一個目標：購買並創造產生現金流支付每月生活費的資產。一九九四年，因為這樣做，讓我們得以提早「退休」。

最棒的是，妳不需要一大筆錢才能獲得財務自由。一九九四年時，我跟羅勃特每個月從投資獲得一萬美元的進帳，當時我們每個月的生活費大約三千美元，所以扣掉生活費後，還有七千美元可用。那時候，我們自由了，每個月有更多錢進帳，支付生活費後還綽綽有餘。

我們當然不會就此罷休，所以繼續購買資產並創造資產，使得現金流日漸增加，讓我們有更多錢可以花用，提高生活品質。

分析資產時妳要專注的第二個事項為何？

我先前提過，在檢視一項可能的投資時，我會專注在二個關鍵事項上。首先是現金流，第二個關鍵事項也跟現金流有關，那就是投資報酬（return on investment，簡稱 ROI）。

何謂投資報酬？

妳的投資報酬其實就是：妳投資的錢付給妳或還給妳的現金金額。換句話說，妳投資的錢有多麼辛苦地為妳工作呢？依據妳所評量項目的不同，妳可以利用幾種方式計算投資報酬。當我談到投資報酬，通常是指所謂的現金（cash-on-cash）投資報酬。我只對一件事有興趣，那就是有多少現金進帳。有些公式在計算現金報酬時，將折舊列入考量。有的公式則是假定，妳獲得的現金流馬上重新投資，因此也把這項因素考慮進去。每個公式都正確，就看妳要評量什麼。對我來說，我喜歡把事情簡單化，所以我只考慮現金流。

妳如何計算現金投資報酬？

計算現金投資報酬很簡單，現金投資報酬是以百分比表示，而且通常以年度報酬的數字為計算基準。計算現金投資報酬的公式如下：

$$\frac{\text{年度現金流}}{\text{投資現金金額}}=\text{現金投資報酬}$$

舉例來說，我現在要投資房地產，投資的物件價值十萬美元，我打算支付二〇%的頭期款，也就是支付現金二萬美元。每個月我可以從這項投資拿到正現金流二百美元，所以年度現金流為二千四百美元，除以二萬（我投資的現金金額）就等於一二%，也就是這筆投資的現金投資報酬。再以股票為例，如果妳投資二千五百美元買進某支發放股利的股票，收到年度股利為一百美元。將一百美元除以二千五百就等於四%，這就是這筆投資的現金投資報酬。

現在，我們就來檢視目前儲蓄帳戶的平均報酬。妳可能從妳的儲蓄獲得二%的利率，如果妳存了一千美元，銀行每年就支付妳二十美元的利息，妳的現金投資報酬就是銀行提供的利率二%。

計算現金投資報酬這項公式真的很簡單，只要知道我投資多少現金，從那項投資獲得多少現金，就可以計算現金投資報酬。

專注在現金流的原因在於，想要妳的錢替妳辛苦地工作，這樣妳就不必為了錢而工作。計算現金投資報酬，就能知道妳的錢多麼辛苦地替妳工作，也讓妳得以比較各項投資的績效。如果現金投資報酬只有二％，妳就知道那項投資不是什麼好投資，應該考慮是否繼續投資。但若妳的現金投資報酬高達五〇％，這項投資當然要好好保留。

繼續看下去

我依照一些原則，讓我獲得財務自由，這些原則並不是一門艱深的學問。我所採用的公式其實很簡單，卻未必容易，需要花一點時間或是上一些課，否則無法一蹴可幾。不過，我可以跟妳保證，當妳開始看到有現金流進帳時，這個遊戲就變得很有趣……，而且，妳的努力也有了代價。所以，如果這項公式那麼簡單，為什麼女人還遲遲不肯採取行動，掌控自己的財務生活呢？

之前已經強調過，女人用第一大藉口讓自己在理財方面什麼事也不做——她們說（也相信）——「我沒有時間」。我相信妳現在已經很清楚，而妳也可以抽出空來，進行那些對妳來說是很重要的事。

其實，不是因為我們沒有時間，而是因為我們選擇把時間花在其他事情上——沒錯，現在每個人的時間都很緊湊。妳只要知道，如果妳跟自己說「我沒有時間」，就只是還沒有把投資這件事當成第一要務——妳還沒有找到自己必須投資的理由。不過，我以親身經驗告訴妳，當女人將自己的財務健全視為優先要務時，就沒有什麼事情可以阻止她們了。而且，現在有愈來愈多的女性這樣做。

所以，我們女人為什麼還遲遲不肯行動？我聽到許多女性跟我說她們無法投資，她們的第二大藉口簡直愚不可及，而且這個藉口根本沒有根據也與事實不符。我們女人向投資說不的第二大藉口是……。

I'M NOT SMART ENOUGH

第八章　我不夠聰明

「我認為關鍵就在於，女人不要自我設限。」

～網球名將瑪蒂娜．娜拉提洛娃（Martina Navratilova）

大概在紐約午餐聚會一週後，我正要趕去開會，開車途中手機響了。

「嗨，金，我是雷絲莉。現在有空講話嗎？」

「當然有空。」

「我最近一直在想那天午餐時我們說的話，就是關於投資和獲得財務獨立，那個構想實在太好了。似乎就是我想要的事，可是我卻一再想到同樣的問題。」

「是什麼問題？」我問。

雷絲莉說，「我這輩子一直熱愛藝術、色彩、形狀、風格和繪畫技巧。我滿腦子都是這些事，根本沒辦法有系統的思考和分析。最重要的是，講到數字和數學，我就不知所措。談到投資，我就是不認為自己夠聰明。而且，每次開始思考投資這件事，眼神就會變得呆滯。我甚至買了一份《華爾街日報》來看，不過對我來說，那份報紙簡直就像天書！我認為，有些人天生就抓得到投資的竅門也熟悉數字，但是我就不是那種人。」

雷絲莉顯然很沮喪。所以我若無其事地說，「我先問妳一件事，妳已經找出妳想要投資的理由了嗎？」

「我很清楚，我為什麼要投資，」雷絲莉回答，「我只想畫畫，那是我熱愛的事。問題是，我在畫廊的工作實在很忙，雖然這項工作讓我有錢支付生活費，但我卻沒空作畫。我希望我的生活是帶著畫具在獨特景點作畫。我的夢想是，到歐洲旅遊並在那裡作畫，在那裡研究大師之作。歐洲有很棒的藝術課程，我想去上一些課。如果我只剩下一天可以活，我會選擇做我最喜歡的事，那就是畫畫。是的，我已經很清楚我要投資的理由。」

「恭喜妳，現在妳的過程開始了。」我宣布。

「什麼過程？」雷絲莉有一點受挫地說。

「致富或獲得財務自由不是一蹴可幾的事。每當我們學習新事物時，就必須經歷一個學習曲線。而且，在剛開始學習新事物時，因為正進入一個所知甚少的新領域，所以會覺得很傷腦筋。」

「我想這就跟剛開始學開車一樣吧，」雷絲莉說，「起初，我覺得自己像個白痴，因為會太用力踩油門或是突然踩煞車，讓自己差一點撞上擋風玻璃。我第一次開車上路時，差一點就把車子撞壞了。」

「沒錯，就是這個意思。現在，妳會開車了，妳根本不必思考油門、煞車或方向盤這些事，開車幾乎是一種機械式的動作。不過，學習曲線剛開始時，一切好像都很難。現在，開車卻成為妳的第二天性。」我這樣解釋好讓雷絲莉快速進入狀況。

「所以，這是一個過程，有很多事情要學，」雷絲莉繼續說，「不過，我只是不知道，自己是否夠聰明可以從事投資。說真的，投資似乎是男人的競賽。或許他們天生比較精通數字，我就不是那樣。我不知道自己是否能在男人的競賽中一較高下。」

「首先，妳說的對。男人精通數字，其實他們精通的是『三八—二四—三六』……，這種三圍的數字。」我說。

雷絲莉笑了。

「不過，說真的，妳為什麼認為投資是男人的競賽？」

雷絲莉回答，「嗯，我在新聞中並沒有看到或聽說許多女性投資人。頂尖投資人似乎都是男性。談起理財或投資，我並不知道有任何女性投資人可以作為我學習的榜樣。我認為男人比女人更懂投資。」

「那我問妳，」我鎮定地說，「在選擇民意代表時，男人也比女人厲害嗎？幾十年前，只有男人有投票權就是因為這個原因嗎？唸書時，男學生比女學生更優秀嗎？因為這個原因，所以以往大專院校不允許女學生就讀，是嗎？男人比較精通審問和衡量證據？因為這個原因，所以過去只准男性擔任法官，是嗎？」

「當然不是！」雷絲莉大聲地說。

「所以，我們要瞭解，資歷較久未必表示能力較好。」我強調。

「妳談起投資時，就認為自己不夠聰明，基於這個觀點來看，其實妳只要瞭解三項重點，我保證以後妳就不會再那樣想。我的情況就是這樣。」

「好的，我現在很專心聽妳說。那三項重點是什麼？」雷絲莉問。

我們繼續在電話上討論，現在我就跟大家分享我跟雷絲莉提到的重點。

女人從小到大被教導的事

一、進修

我們面對現實吧！談到投資這個話題，女人從小到大都沒有取得許多實用資訊。事實上，女人從小到大接受到的理財教育，根本就是貶低女性、讓女性理財能力受損的做法。比方說：要女性學習如何平衡收支、如何購買汽車保險、如何減少支出，或在雜貨店買東西時討價還價。坦白說，我認為女人的理財能力根本不只那樣，我們是很聰明的。

沒錯，妳必須整頓自己的財務，也必須知道理財的基礎知識，這些事情都很重要。不過，依我所見，光是這樣還不夠，那只是開始打好基礎罷了。一旦妳瞭解理財的基礎知識，就該積極行動，達成個人財務目標。

如果我聽到男人擺出施恩地態度說，「錢的事都由我太太打理。」我就會大叫。因為，女人十之八九都不會處理財務的事。她們只管繳納帳單，平衡家庭收支，就這樣。如果再深入探究，會發現女人將所有投資決定和重要採購決定都交給先生。由先生處理股票買賣、房地產交易，以及大多數或所有的重要財務決定。

而且，先生過世時，女人得要自己處理跟金錢有關的事，這時候，因為平常沒有處理這方面的事，所以根本摸不著頭緒。令人驚訝的是，有八〇%的貧窮寡婦，在她的丈夫在世時，並不是過著貧困的生活。另外，也請妳牢記在心，有九〇%的女人在這一生當中的某個時間點，必須為個人財務問題負責。所以，當先生過世，太太又沒有理財經驗或知識時，就會做出不當的理財決定，不然就是請求理財專員、股票營業員、房地產仲介來幫她解決麻煩。「我會幫妳處理那件事，」他們會這樣說，「讓我幫妳理財，設計出絕佳的投資組合，讓妳根本不必為此事傷腦筋。」親愛的，如果連妳都不為自己的錢著想了，還期待別人會為妳的錢著想嗎？

以下是住在聖路易市的黛恩發生的可怕情況，她寫信告訴我：

「我今年五十八歲，我先生突然過世了，我根本不清楚我們有多少錢，或是錢都擺在什麼地方。錢的事都歸我先生管，我從來不必操心錢的事，所以我們從來沒有討論過這個話題。」

「現在，他過世了。我覺得自己就像一歲大的小孩，想學著站起來卻一直跌倒，實在很無助。這些年來，我過得很悽慘。就在我先生的葬禮開始前，我問我的女性友人：『要怎樣支付葬禮的錢？』我完全不知所措。」

所以，如果妳認真看待個人財務這件事，就不會落得像黛恩一樣的下場。最重要的是，要掌控個人財務，是要花時間、要做一些進修，而且犯一些錯。這是一項過程，不是一夕之間就發生的事。不過，請不要犯下最大的錯誤，那就是以為男人比妳更懂投資理財。號稱「財經專家」的人並不知道什麼最適合妳，怎樣做對妳的財務最有利。如果妳認為，「他們全都比我更懂」，妳就會成為理財顧問界的犧牲品，也就不可能掌控自己的錢財。

要掌控個人財務的第一個步驟是：進修。而這究竟是什麼意思呢？現在，有關投資理財的資訊實在太多，妳要從哪裡開始著手呢？說實在的，每個人的出發點都不同，或許妳可以從瞭解不同投資類型開始著手，方可從中發現，自己比較喜歡那種類型的投資。對我來說，我喜歡投資房地產，而我的會計師友人喜歡投資股票，我的企業家朋友喜歡投資新創事業。透過進修這個過程，妳會發現哪一種投資最適合妳。以下，列出可以協助妳進修的一些資源：

1. **閱讀相關書籍**。市面上寫給投資新手和投資老手的投資理財書籍多得不勝枚舉。
2. **聽聽有聲書**。通勤時，可以聽聽有聲書。充分利用上、下班通勤時間和外出辦事途中的時間。妳可以找跟理財、投資和個人成長等主題相關的有聲書來聽聽。記住，妳的態度和思維就是妳成功與否的關鍵。如同汽車鉅子亨利．福特所說，「不管妳認為自己有沒有能力做某件事，妳的想法都是對的。」
3. **投資自己，參加跟投資理財有關的研討會、座談會和會議**。妳可以在所在地找到跟投資理財有關的一些研討會、座談會和會議，這些課程可能免費或需要付費。許多社區學院、企業、社團和組織及當地投資團體常會提供這類課程。有些課程就以女性為目標對象。

4. **閱讀跟投資理財有關的報章雜誌**。《華爾街日報》（The Wall Street Journal）、《投資人商務日報》（Investor's Business Daily）和《霸榮週刊》（Barron's）就是取得投資資訊的三大來源。即使妳不懂內容中提到的專業術語，只要持續不斷地閱讀，妳的知識就會日漸增加。另外，妳可以參考《華爾街日報》出版的一本好書《投資理財指南》（Guide To Understand Money and Investing），它會教妳如何閱讀並解析《華爾街日報》。如果妳不在美國當地，建議妳可以多看看所在地域的商業報紙或是雜誌等。

5. **訂閱當地財經報紙**。從當地財經報紙中，妳可以取得許多當地商情資訊。妳可以迅速得知跟不同投資決策有關或有影響的報導。

6. **多跟房地產仲介、股票營業員和商務交易仲介業者聊聊**。向這些人請益，多跟他們問問題，相信會給妳許多資訊。只是妳要知道，他們都想跟妳推銷，所以自己得要多加注意。我發現最成功的仲介和營業員，都樂意與人分享資訊和知識。在此，也給予妳三大祕訣：

(1)市場上惡劣的仲介和營業員比優秀的仲介和營業員來得多。為了找到有聲譽又有見識的仲介和營業員，不妨請親朋好友介紹一下。

(2)尋找合作的房地產仲介時更要這樣做，妳必須確定跟妳合作的人是，介紹給妳想投資房地產，不是要買房子給自己住，所以妳要找的是專精不動產投資的仲介商。

(3)可能的話，跟自己也從事投資的仲介合作。許多仲介只做推銷，自己卻不投資。相較之下，自己也是投資人的仲介就比較瞭解妳需要什麼、想要什麼。

7.跟其他投資人交談。找出跟妳有相同投資興趣的人並向他們請益。妳可能會發現，愈成功的投資人就愈樂意跟別人分享自己知道的事。

8.參加女性投資人俱樂部。根據 Better Investing 榮譽會長肯尼斯．詹克（Kenneth Janke）所言，目前女性為股市投資俱樂部的主要成員。「一九六〇年時，投資俱樂部的會員有九成是男性，一成是女性。現在，女性會員的比例超過六成。」以我個人來說，推薦專注於投資教育的俱樂部，但不推薦大家加入一起集資做投資的俱樂部。我看過因為共同投資的規則不清楚，而讓友誼生變的一些情況。要找到適合妳的女性投資俱樂部，妳可以翻翻當地報章雜誌，看看當地有哪些這類聚會。不然的話，妳也可以上網搜尋當地的女性投資俱樂部。另外，參加當地女性企業人士聯誼會，並請求推薦適合的投資俱樂部。

9.自行創辦女性投資俱樂部。此等必須維持高標準。只接受認真考慮本身財務前景，並願意支持及鼓勵彼此追求目標的女性。在投資俱樂部中，妳要做些什麼？

⑴剛開始時，可以先組成讀書會，大家一起閱讀並討論一本書。或是挑選有聲書一起聽、一起討論。（對於剛開始成立或既有的俱樂部，建議可以挑選富爸爸系列叢書和產品，進行研讀討論。）

⑵邀請成功投資人、博學多聞的仲介和營業員（是來教導大家、不是來推銷）、資產經理人、業務專家（瞭解如何推銷對妳所進行的每項投資都有幫助），任何能增加妳投資知識的人，

都可以邀請他們擔任演講嘉賓。

(3)學會如何分析潛在投資。提出特定的不動產交易、可能的股票買賣交易和事業投資，大家一起分析並從中學習。一開始時，先找一位經驗老到的投資人或專業人士，說明如何詳細分析這些投資。妳檢視過愈多的投資，就愈有能力分辨絕佳投資與不當投資的差異。

10.加入當地的現金流俱樂部。目前，世界各地有將近二千個現金流俱樂部。妳可以上網找出離妳最近的現金流俱樂部，我們也在網站 www.richdad.com 上列出現金流俱樂部的所在據點。每一個現金流俱樂部都不一樣，這些俱樂部大多是以定期聚會進行現金流紙板遊戲為主，會員彼此支持追求各自的投資目標，也會邀請嘉賓演說。更重要的是，大家一起學習如何從投資中獲得最大利益。

11.善用網路。網路上可以找到跟妳所選擇的投資標的有關的各種資訊，它是迅速取得相關資料、會議、合約的絕佳來源，妳也可以找到有聊天室和論壇的投資理財網站。

12.開車在當地逛逛。妳可以藉此感受一下目前當地房地產和商業的概況。通常，人們以為自己要去找出投資的「適當」城市或市場，其實絕佳的投資商機可能近在眼前。而且，就實體上來說，妳跟投資標的距離愈近，成功的機會就更大。如果妳的投資標的就在離妳家二條街外，而不是相距二千哩遠，妳就更能掌握市場的脈動。

13.收看財經節目。或許妳沒有辦法完全瞭解節目內容在說什麼，不過妳一定可以從中學到很多東西，也會聽到投資界常用的術語。記住，妳花愈多時間收看，就愈瞭解投資。

14. 訂閱財經電子報。電子報可以讓妳迅速瞭解不同投資市場的現況，當地和全球的經濟趨勢，以及未來觀察重點。

15. 多問、多問、多問。女人要牢記，我們在這方面具有優勢。因為我們沒有接受什麼理財教育，所以不必假裝知道所有答案。妳提出愈多問題，就學到愈多，也變得更聰明。

另外，妳在提問的過程中，或許也能找到良師。附帶一提的是，進修這種事是一輩子的。只要妳想讓投資規模增加，也想一再擴大個人投資組合，總會有新的事物需要學習。當市場改變，我的投資規模勢必日漸增加，同時也必須繼續更新且增加我的財經知識。

二、過程與成效的對照

我總會提醒自己，投資是一個過程，沒有祕密公式可言，也沒有什麼捷徑可以讓妳迅速致富，也不可能一覺醒來就發現自己變有錢了。或許有人承諾讓我們一夕致富，但是我卻沒有看過這種承諾能維持長久。

投資理財跟減肥沒有什麼兩樣。如果妳想減肥，妳就必須經歷一個過程。妳要定期運動並改變飲食，過一陣子就能看到成效。這種事不是一蹴可幾……，除非妳進行抽脂手術。但是，即使妳做了抽脂手術，妳還是必須調整生活型態才不會復胖。

在成為投資人的過程中，我們不斷地學習，從中取得一些經驗，也會犯一些錯，並從錯誤中學習，也獲得更多經驗。而且，在這個過程中，我們的知識、自信和能力也不斷增加，財富也隨之增加。關鍵就在於，我們經歷的這個過程比最終目標本身更重要。因為真正重要的是，在這個過程中，經歷所有的學習、錯誤和經驗，讓我們變得更精通理財。中國有一句諺語說：「旅途就是收穫。」（The journey is the reward.）

一九八五年，羅勃特跟我歷經「宛如地獄的一年」，那一年確實是我們這輩子狀況最慘的一年。我的自尊掃地，心情總是很沮喪。我消極悲觀且時常跟自己說，「那件事妳做不到」、「妳會失敗的」、「妳什麼都不懂」、「妳無藥可救」。坦白說，有些時候，我上床睡覺時心裡還想著，如果能夠一覺不醒那該有多好。當時，我的人生正陷入低谷。

現在，經過這麼多年再回想當時的情況，我領悟到羅勃特跟我都經歷了自己的過程。我說的一點也不假，當時的情況真的很悲慘。不過，藉由經歷那個過程，跌到谷底後，然後再爬上來。對我們來說，這或許是最好的情況之一。當時，我自己身陷困境，坦白說，我真的不知道，光靠我自己的力量是否能度過難關。不過，我跟羅勃特合力經歷那個過程，盡好各自的本分和夫妻應盡的責任，最後順利度過難關，這真是一個令人難以置信的人格塑造體驗。結果，那段艱困時期讓我們各自變得更堅強也更聰明，也讓我們的夫妻關係更加穩固。在這個過程中，我跟羅勃特蛻變成怎樣的人，這部分真的非常重要，也是我們在經歷過程後所獲得的真正報酬。

我向妳保證，在妳要經歷的過程中，妳也會犯錯，有時甚至犯下大錯。妳會受到挑戰，有時妳會擔心害怕，有時妳做的決定沒有明確的成效。不過，就是在這些時刻，我們的人格受到考驗。如果我們避開挑戰，就無法成長，也學不到東西。但是，如果我們接受挑戰，不管最後成功與否，都能學到東西，也讓自己有所成長。而且，這種在「智慧資本與情緒資本」獲得的報酬是無價的。

HOW TO GET SMARTER QUICKLY

第九章　怎樣才能趕快變聰明？

「如果可以再活一次，我會犯同樣的錯誤，只不過是早一點犯錯。」

～美國女星塔露拉．班海德（Tallulah Bankhead）

雷絲莉想通了，「所以，並不是我不夠聰明，而是從來沒有人教我投資理財或思考這個東西。投資理財跟我學騎馬沒有兩樣，我必須從頭開始學起，按步就班地進行。」

「就是那樣。」

「不過，我必須告訴妳，」雷絲莉坦承，「我看過幾次財經節目，完全聽不懂他們的用字遣辭，也完全聽不懂他們說的話。當我不瞭解這些用語的意思時，我實在很難瞭解節目到底說了些什麼。」

三、專業術語

「妳提出一個關鍵重點，」我回答，「這正是我說的在投資時要瞭解的第三項重點，也就是所謂的專業術語，而且投資理財有很多相關用語。」

我繼續說，「我認為大多數人對於投資感到困惑，一定跟財經專家或號稱財經專家及非專家的用字遣詞有關。有時候，我認為人們故意用專業術語來困惑自己或是別人，這樣做無非是想人覺得自己很聰明，不然就是想要引誘我們購買某樣東東西。我們不想承認自己不懂他們所講的事，而我自己就做過這種傻事，我跟別人交談時，他們會說出一些我不懂的字眼，我不但沒有請對方解釋那些字的意思，反而假裝自己聽懂了，因為我不希望被當成笨蛋。結果，自己卻犯了錯。」

「我很不想承認，不過我在二個月前也做過這種事，」雷絲莉笑著說，「我去參加一家義大利餐廳的開幕典禮，餐廳老闆是我在畫廊接洽的客戶。當時，我加入一群人的談話，他們正在聊股市，興奮地談起某家新上市公司的股票。他們談起有位朋友跟這家公司有關，也說到這家公司可能成為下一個微軟。接著，他們談到專業術語，大家你一言我一語地講的全都是時髦的專業術語。對我來說，我只是聽到他們嘰哩呱啦地講一大堆話，我記得他們提到價格／支出比率，也提及那支股票是在『那斯德克』交易所掛牌。聽起來，他們好像都很懂似的，而且他們都興奮不已。即使我不知道他們在說些什麼，我還是忍不住覺得自己聽到那支股票的一些內線消息，而且除了這個小團體知道這些內線消息外，別人都不知道。隔天，我就買了幾支這檔股票，那是二個月前的事了。現在，股價已經跌到當時買價的一半，我還聽說這家公司的前景預測不甚樂觀。」

我笑著說，「我想妳聽到的是本益比（price/earning ratio），是指過去一年股價對照盈餘的比率，而且那支股票應該是在那斯達克（Nasdaq）掛牌，那是完全以電子交易為主的交易所，沒有實際交易場地。」

「不過，別覺得難過，大家都想買對股票發大財。我們都想相信童話故事，」我試圖想讓雷絲莉安心，「其實，我不但相信童話故事，也買了以為能幫我生出金雞蛋的好股票！我投資一支私募股票基金。我相信這支基金所承諾的一切，也相信這支基金有那些好得離譜的獲利。我實在好興奮，以為自己擁有祕密公式，握有投資的聖杯。因為我不瞭解他們的用字遣詞，我不知道怎樣確認什麼是真、什麼是假。他們講得頭頭是道，聽起來好像很瞭解自己在說什麼。所以，我全盤接受。後來我才知道，原來那家公司正受到調查，老闆還被抓去關。即使所有負面消息出現，我還是相信報紙頭條消息是騙人的，我還相信我買的基金會實現報酬。結果，傳聞千真萬確，我投資的錢都賠光了。最重要的是，我不懂行話，也沒有努力學習投資理財的專業術語，因為我希望童話故事可以成真。」

雷絲莉大嘆一聲，「聽到妳虧錢實在很遺憾，不過妳這樣說真的讓我覺得好過多了，原來投資理財這種事，沒有人不犯錯。原來，不是只有我搞不懂那些財經術語。」

「那麼，接下來這個故事妳一定很想知道，」我跟雷絲莉說，「有一天早上，羅勃特接受紐約某家全國財經新聞電視節目的訪問。採訪記者使用各種術語，例如衍生性商品、本益比等。羅勃特在討論中制止他，並說：『我希望用簡單的話說明投資理財』，接下來羅勃特就用日常用語繼續這項訪談。結束訪談後，我們正要步出大樓時，有一位年輕人向我們走來。他年約三十歲，穿著很得體，西裝外面還加了風衣。他說自己在華爾街上班，然後就跟羅勃特握手並說：『我剛看過你的訪談，想跟你道謝，感謝你用日常用語說明投資理財，讓大家都聽得懂你說的話。』我想，那可是投資界從業人員給的一大讚美呢！」

「哇，我覺得鬆了一口氣，」雷絲莉坦承，「我想許多女性或許認為自己不夠聰明，無法從事投資，她們可能跟我一樣，認為只有自己不懂。現在，我真的瞭解這是一個教育過程，只要邊做邊學就是了。」

雷絲莉最後說，「謝謝妳花這麼多時間跟我談！妳已經幫我釐清一些疑點。妳什麼時候會來紐約？」

「大概二個月後會去。」我說。

「如果妳有空的話，我們到時候再聚聚，我請妳吃午餐！」

怎麼知道自己不懂

我有一位朋友花了許多年研究人們如何學習，她教我一項寶貴的工具。她問我，「妳可曾發現自己把同一段內容讀了好幾遍？」

「有啊，」我說，「我經常那樣做呢，怎麼會突然這樣問？」因為她的研究發現，人們在閱讀時如果發現自己不懂的字，就會無法專心閱讀，所以會不自覺地一再重讀同樣的句子或段落。一旦人們看到自己不懂的字眼時，對於所閱讀文章的理解能力就會開始下降。所以，我問這位友人說，「妳是如何克服這一點的？」

「很簡單，」她說。「有不懂的字就查字典，瞭解那個字的意思，然後繼續閱讀。妳的理解能力就會大幅提高。」

所以，現在我會隨身攜帶字典，遇到不懂的字就查字典。只要我把某段文字重看幾遍，我就知道有我不懂的字在裡面。

講起投資界，專業術語簡直多得驚人。可能一個句子中，就有四個字是我不懂的。在以前，我會略過那些字不看，假裝它們不重要；不過，我現在會強迫自己查字典，找出字詞的意思。我不但要瞭解那些字詞的定義，也要明確知道它所代表的意思。有時候，我甚至會回想研究所時，老師們怎麼說明字詞在句子中的意思。這樣做果然有效！起初，當然會花一點時間，不過卻讓我對自己正在閱讀的文章有更深入的瞭解，也讓我每天多懂一些字彙。

而我也在本書附錄整理出一些理財辭彙，定義目前常用的許多財經術語和投資用語。不過，由於篇幅有限所以無法列出所有投資理財術語，所以我在 www.richwoman.com 網站，另外列出一些絕佳投資理財書單，妳可以到圖書館借這些書，當妳遇到不懂的專業術語時或許能派上用場。

瞭解愈多，成效愈好！

幾年前，我跟一位房地產仲介討論一棟擁有二十四間公寓的大樓。這位仲介開始滔滔不絕地講了一大堆術語，「貸放比（**loan-to-value**）為八成，資本化率（**cap rate**）為九〇%，內部報酬率（**internal rate of return**）為一九%（這些術語詳見書末的理財辭彙）。而且，這位仲介一直滔滔不絕地說著。所以，我問他：『資本化率究竟是什麼意思？』他說：『資本化率愈高愈好。』」

「可是，究竟要怎樣計算呢？公式是什麼？又是評量哪些項目？」

他眼神呆滯地看著我，然後說，「資本化報酬率其實沒有那麼重要，重要的是，這棟大樓確實是一項很棒的交易。」

事實上，他根本不知道自己在講什麼，只是用那些自己也不懂意思的術語跟我推銷。而且，這位房地產仲介不但被這些術語所困惑，他針對這項物件提出的數字也不合理，那根本不是一項好交易。

三個簡單的規則

講到專業術語，我向來會遵循以下這三個簡單的規則：

一、每天多懂一些字彙

遇到自己不懂的字眼時，不要被嚇到，更重要的是，別偷懶。如果妳跟別人交談時，他說出妳不懂的字眼，妳要向對方詢問那是什麼意思，或是把那個字寫下來稍後再查字典。如果妳在閱讀或看電視時發現一個不懂的用語，就查字典瞭解那個用語的意思。

二、不懂就問

保持好奇心。即使對自己瞭解的主題也要不斷提問，這樣妳就可以學到更多東西。當妳拿問題請教專家時，會發生二種情況：

1. 馬上跟對方建立關係，因為對方知道妳對他（她）說的主題有興趣。
2. 妳可以學到更多東西。

三、盡量裝傻

別害怕說，「我不知道。」假裝自己什麼都懂，當別人談論妳不懂的事，妳卻假裝自己聽懂，那就是學習的最大障礙。害怕被別人當成笨蛋，反而會讓自己真的變成笨蛋。

我認為目前女人擁有的最大優勢之一是，我們從小到大沒有接受過什麼投資理財的教育，所以不會害怕說，「我不知道。」大家本來就不指望我們懂什麼。所以我們也不怕問問題，不怕承認即使在其他方面表現得像女強人，但其實我們並非什麼都懂。

別讓專業術語和那些令人害怕和困惑的字眼，成為妳的阻礙。那只不過是用字遣詞罷了，只要查查字典就懂得意思。每次妳聽到新的財經用語時，反而該開心才對，因為妳又可以學到一個新詞彙，可以成為更精明、更優秀的投資人。

I'M SCARED STIFF

第十章　我嚇呆了

「每一次真正面對恐懼時，都會讓妳獲得力量、勇氣和自信。所以，妳必須去做自以為做不到的事，因為面對恐懼，妳才會成長。」

～美國小羅斯福總統夫人伊蓮諾（Eleanor Roosevelt）

接著，我們來談談「恐懼」這件事。這是一項不能忽視的事實，許多女性講起投資就感到害怕。我時常聽到的問題，尤其是初次從事投資的人都會問，「我如何克服恐懼？」如果妳認為考慮購買第一間出租公寓或初次投資事業，或是把辛苦賺來的錢從事任何投資時，只有妳才感到恐懼。那麼，讓我告訴妳這個事實，有許多人跟妳一樣。

恐懼有好處，也有壞處

恐懼有什麼好處呢？它警告我們，性命可能受到威脅。當妳在深夜聽到奇怪的聲響，可能讓妳感到害怕。妳心想，可能有人破門而入，得馬上採取任何必要措施。當妳在夜裡獨自穿越漆黑的公園，妳會感到害怕，所以加快腳步想要找到最安全的路徑。又好比在暴風雪中開車，完全看不清路況時，妳可能會先把車停到路邊，等到暴風雪平息後再走。所以，顯然恐懼是有好處的。

不過，恐懼也有具破壞力的一面。雖然恐懼可以警告我們性命受到威脅，卻也可能抹煞我們的夢想、機會、個人成長和熱情，讓我們沒辦法盡情發揮，無法擁有精采的人生。

每當我們進入一個不熟悉的領域，有一點恐懼反而是好事，可以激勵我們更深入地檢視某項出租公寓的相關數字，或是收看跟自己買進的股票有關的產業報導和新聞。害怕可以讓我們保持警覺，有時候甚至能讓我們避免鑄下大錯。這是恐懼帶給我們的好處。

不過，當我們因為恐懼而被嚇壞時，這時恐懼的破壞力就隨之出現。我們因為不知所措，所以什麼事也不做。我們會不假思索地向機會說「不」，看事情時也只會往壞處想。我們會說出各式各樣的理由，訴說眼前的投資有風險、不明智，不值得投資。我們害怕犯錯、害怕賠錢、害怕失望，結果什麼事也不做。我們為什麼讓恐懼阻止我們呢？發生這種情況就是因為下面這二種原因。

我會死掉！

恐懼這種念頭的作用之一，就是提醒我們性命受到威脅。不過，這種察覺到對性命有威脅的念頭，通常和事實有所違背。舉例來說，某種念頭這樣說：「投資很冒險！我會虧錢！如果我沒辦法付清帳單怎麼辦？銀行就會把我的房子拍賣掉！那麼，我就無家可歸！我就會變成遊民。如果那樣的話，我一定會死掉！」

真是一堆廢話。不過，這就是念頭耍的把戲。如果我們從事一項投資，真的會死掉嗎？當然不會。不過，有時候，我們的人生就是由這些不假思索、無意識的反應所主宰。

當妳檢視一項不熟悉的新投資商機，覺得自己被恐懼掌控時，首先妳要告訴自己，這不是那種讓妳性命受到威脅的狀況，也不是不做就會死的情境。接著，妳要理性地分析這項投資的利弊得失。這項投資有什麼好處？有什麼壞處？要怎樣減少不利事項？換句話說，把妳那不理性、不假思索的念頭打消掉。

拿害怕當藉口

人們被恐懼掌控的第二項理由是，在心生恐懼時，選擇不去面對反而是比較容易的。當我們遇到不懂的事情，而且是會挑戰我們或讓我們承受壓力的事情時，當然覺得不舒服。所以，最簡單的做法就是，什麼事也不做。

比方說，妳有沒有公開演說的經驗？專家表示，人們的第一大恐懼就是公開演說。如果妳就是這種人，那麼最簡單的做法就是不要經歷那種恐懼，不要發表公開演說。面對公開演說的恐懼、撰寫演講稿、反覆練習、參加公開演說課程、再多加練習，最後踏上講台發表演說，這樣做當然比較費工夫，也不容易。不過，經歷這個過程，妳卻可以成長許多。逃避這項挑戰，妳就無法成長，也會讓妳看輕自己。

現在，妳是否可以想起某件事，即使它讓感到妳害怕不安，因為妳經歷過，反而能讓妳的人生更美好也更充實。（或許那件事是從事第一筆投資之類的事。）就在這種時候，恐懼可能驅使妳向前進，或成為妳什麼事也不做的藉口。在這些時刻，妳做出選擇，要不就是接受挑戰並面對恐懼，不然就是決定退出、逃避、保持現狀。在現實世界裡，我們絕對無法保持現況，只能從成長和退出中選擇其一，也因為生活在快速變遷的世界裡，選擇可以擴展我們的視野，不然就是讓我們的生活故步自封。我不相信我們還有別的選擇可言。

恐懼就是一項資產

恐懼可能是我們擁有的最重要資產。每當恐懼出現時，妳很清楚自己的性命並沒有受到威脅，而是讓妳成長並擴展視野的大好機會出現了。通常，我們就是透過這種興奮的過程而獲得最大的成長。而且，當妳經歷過這個過程，妳會欣喜若狂！因為妳已經不再是以前的妳。

這樣想吧：恐懼讓我們成長。與其討厭它，不如正視它，而且妳要知道，如果妳選擇抓住這個機會，就會發現自己還有很多成長的空間。美國詩人愛默生（Ralph Waldo Emerson）說的這段話改變了我的人生：「每天沒有戰勝一些恐懼的人，就無法學到人生的奧祕。」

痛苦有二種

我聽到逐漸年長的人說出這些話，「如果當初我怎樣、怎樣……」、「早知道那時候應該做了什麼事、什麼事……」，實在很難過。他們知道自己原本可以有更好的發展，卻因為恐懼，讓他們退縮。這裡講的恐懼可能是：害怕失敗、害怕沒有找到更好的事，或是害怕失去或害怕受到羞辱。不管人們恐懼什麼，恐懼比有機會過著熱情喜悅且自我實現的生活更強有力。我聽過激勵大師安東尼．羅賓斯（Anthony Robbins）在演說時這樣說，「痛苦有二種：一種是失敗的痛苦；另一種是後悔的痛苦。」

每天，我們都要選擇失敗的痛苦。對我來說，後悔的痛苦是給自己的最大處罰。我軟弱無能、想放棄的時候，自己都清楚得很。最重要的是，在我打消念頭的那些時刻，其實是有選擇的，只不過我選擇當懦夫、而不去勇敢面對恐懼。我不需要別人告訴我什麼時候我可以放棄，因為答案只有我自己知道。而且，就是回想那些時刻之際，後悔深深刺痛著心扉。

有些女人後悔自己放棄事業生涯，有些女人讓事業生涯妨礙到自己和家庭。最典型的後悔是：因為「輕鬆」和「安逸」，所以留在一個無法實現個人抱負的關係或婚姻中。

我希望沒有人必須面對的這項後悔：後悔忽視自己的財務利益，聽由他人擺布怎樣對我們最好。難怪，要在生活中做出大膽改變就需要勇氣，因為我們必須鼓起勇氣面對未知。幸好，每當我們選擇勇敢面對、而不是膽小退縮時，就會獲得勝利，因為我們讓自己從經驗中成長，讓自己更有能力。而且，日後我們也不會後悔。

勇敢時刻

我相信我們泰半都可以回想起自己小時候曾經勇敢地做了什麼事，或者我們曾經目睹別人勇敢地做了什麼事。幾天前，我看到一位七歲小女生，她讓我回想起以前的事。

這位小女生第一次站上社區游泳池的跳板上。我看著她爬上階梯，踏上跳板，她全神貫注地看著跳板的盡頭，站在那裡動也不動，時間彷彿停止了。接著，她邁開步伐，手還是緊握欄杆。當她走到欄杆的盡頭，她的眼裡只剩下自己、跳板和下方的游泳池。

她猶豫不決地走向跳板的盡頭，兩腿微微顫抖。然後，關鍵時刻來臨，她可以鼓起勇氣、克服恐懼、躍身入池；不然就是轉身走回階梯，爬下來說，「我做不到。」

她在跳板盡頭又站了幾分鐘，然後鼓起勇氣，深深吸一口氣，閉上眼睛，從跳板上奮力一躍，勇敢面對未知。她跳進泳池時激起了一些水花，當她從水中起身時，已經笑得合不攏嘴。「我做到了！」她大叫說。她欣喜若狂！原本怕得要命，但是她做到了。而且，接下來她想做什麼呢？她起身後再爬上階梯，然後再跳水一次……，一次……，又一次。

那位七歲小女孩真的跟妳我沒有兩樣。雖然情況或許不一樣，但是不管是跳水或從事一項新的冒險，在決定做或不做前，那種害怕和恐懼的強度卻很相似。

我要怎樣克服恐懼？

講到投資，對多數人來說是踏入未知的領域，正在做以前從未做過的事。我們可能沒有經驗，當然不可能樣樣都懂，我不認識有哪位投資人什麼都懂的。所以，一開始的學習曲線是很陡峭的，犯錯機率也很高。而且，我們是拿辛苦賺來的錢進行投資，因此整個過程也更增添了戲劇性。

我們的恐懼可能以許多形式出現，或許我們害怕虧錢、害怕犯錯（這一點妳根本不必擔心，因為妳已經知道自己會犯錯）。或者，妳跟我一樣聽過女人最大的恐懼就是，害怕最後一無所有、淪落街頭，無家可歸。（而且，如果妳好好看看先前提到跟年長婦女，及其財務狀況的相關統計數字，妳就知道那項恐懼就某種程度來說是有道理的。）不管妳害怕什麼，恐懼就在那裡，妳必須承認它的存在。

透過教育和經驗，當然是減少恐懼的一種方式。妳對某項投資有更多的學習與瞭解，妳就對妳的決定更有信心。擁有更多投資，就變得更有自信也更博學多聞。因此，當妳更有自信、更有知識時，從事各項投資時，就不再像以往那樣恐懼。

改變人生的一項練習

我們或多或少都經歷過恐懼。所以，要怎樣克服恐懼呢?幾年前，我參加一個野外求生課程，其宗旨就是教導學員應付恐懼。在其中一項練習時，我必須爬到一個木頭上，這跟電線桿很像，必須鬆開手不碰任何東西地站在桿子上面，然後跳下來抓住一個高空鞦韆，感覺就像馬戲團裡的空中飛人一樣。我馬上想到最可怕的事：要抓到鞦韆。後來，我才知道那不是最可怕的部分。當我往桿子上面爬，抓住並且踏上每一個階梯時，我心想，「情況還好嘛！」然後，我爬上最後一個階梯，那表示接下來我必須放開手，站在桿子上的小平台，那個小平台直徑可能只有十二吋。恐懼即將襲擊我，現在我的手摸到桿子頂端的平台，雙腳還踏在距離頂端二階的階梯上。這整個練習最可怕的步驟就是：放開手，爬上階梯，踏上桿子頂端。我簡直嚇的動彈不得，時間好像靜止了，就好像被黏在那裡似的。最後，指導員問我說，「發生什麼事了？」

我害怕地回應他，「我要怎樣克服恐懼？」

他回答我，「這跟去除恐懼無關，而跟學習在恐懼出現時，妥善因應恐懼有關。只要勇敢跨出下一步。」

我必須告訴妳，當時我實在使盡全力才讓一隻腳踏上桿子的頂端，接著再移動另一隻腳到桿子上。我站在那個只能容納雙腳的小小平台上，還要打開雙手平衡身體，以免跌倒。「我做到了！」我心想。然後，第二大恐懼湧現。現在，我必須直直地跳出去，抓住前方六呎處的鞦韆。我只是重複剛才指導員跟我說的話，「這跟妥善因應恐懼有關。只要勇敢地跨出下一步。」

我深吸一口氣，從桿子上一躍而下，抓住鞦韆。當他們降下鞦韆，把我放下來時，我的身體不停地顫抖。指導員走向我並問我，「是不是覺得上了一課了？」是的，我全身的每一個細胞都上了一課。

面對初次投資的恐懼

當我坐在產權公司的辦公室裡，文件就放在眼前，當準備要為第一間出租住宅簽約時，我簡直嚇壞了。

一九八九年時，羅勃特用野外求生課指導員的語氣跟我說，「金，妳開始投資的時候到了。」

「投資？你說的投資是指什麼？」我一臉茫然地問。

羅勃特跟我簡短說明富爸爸對於投資和房地產採取的一些原則，然後他說，「現在，該是妳自己去弄清楚的時候了。」

「喔，不要！」我想，「他又要我爬上那個桿子的頂端了！」

就這樣，我的投資教育揭開序幕。

羅勃特給我一項建議，「到附近看看。」所以，我照做了。當時，我們住在奧勒岡州波特蘭市附近的Eastmoreland，幾條街外就是Westmoreland社區。那個社區有許多小巧可愛的房子，有庭院也有陽台，而在社區中央有一個公園，還有古董店和餐廳，就像一個懷舊小鎮。

長話短說，我剛好發現一間古色古香的房子要賣，它有二房一衛，還有後院和車庫，在房子前面甚至還釘上很可愛的金屬材質的彩繪蝴蝶，太完美了。售價為四萬五千美元，頭期款為五千美元。我計算過後得知，這項投資每個月可以讓我獲得五十到一百美元不等的現金流。現金流代表我從房客收取租金，支付帳單（例如：稅金、保險、水費等等）和房貸後，剩下的錢就是直接進我口袋的現金流。

由於這是我頭一次從事不動產交易，我真的不知道自己在做什麼。所以，每樣東西我都檢查三、四次——屋頂、水管、房屋結構、稅金、保險。我跟幾位房地產經理人談過，得知這間房子大概可以開多少租金，把一切都搞清楚了。

不過，當我到產權公司簽約買下這間房子並交出五千美元頭期款時，我害怕到手發抖，根本無法簽署文件。我對這間房子做了詳細的研究，也上上下下地檢查過整個房子的情況。還再三檢查所有相關數字。既然這樣，為什麼我還這麼害怕？我告訴自己，「只要勇敢跨出下一步。」

這是我這輩子第一筆房地產投資，我只是不確定自己對每件事的分析是否正確。我盡全力把所有事情弄清楚。「可是，如果我犯錯怎麼辦？」我心想。「如果我在數字計算上出了差錯，怎麼辦？如果我沒辦法每個月獲得淨現金流，反而讓自己每個月虧錢，怎麼辦？如果這間房子的管線或屋頂出了大問題怎麼辦？如果我把頭期款虧掉了，怎麼辦？」當我坐在產權公司的辦公室裡，快要交出五千美元支票時，這些問題就在我的腦子裡打轉。

「或許我應該放棄這項交易，」我跟自己這樣說，「那樣的話，可能再輕鬆不過。或許我在投資房地產前，需要對房地產有更多的瞭解。如果這是一項好交易，為什麼沒有人搶著買？」那些想法各個聽起來就像是要我打退堂鼓的好藉口。我可以找到很多人支持我，讓我決定放棄交易。

不過，當時，我跟自己說，「金，妳已經盡全力對這個物件做過徹底的調查。依妳所知，這個物件似乎很不錯。如果妳不完成這項交易，就可能沒辦法投資房地產。現在就做，否則永遠不做。勇敢跨出下一步！」接下來，我簽了買賣合約，交出頭期款支票，也為自己擁有第一間投資地產感到驕傲。

在這項投資中，我犯錯了嗎？是的。我犯的錯讓我賠錢嗎？是的。後來，這項投資的相關數字都跟預估值一樣嗎？沒有。這項投資是我最重要的投資嗎？當然是。這是我的第一項投資，是我進入投資界的墊腳石，為我開啟投資的大門，引領我進行更多的投資。

在下次、下下次和之後的交易時，我就不害怕、不緊張了嗎？我還是會害怕、會緊張。事實上，我還買過一間房子，在交易時我害怕地哭了，因為我知道這間房子即將倒塌。我還是從那次經驗中學到教訓。而且，每完成一項新的投資，我就學到更多東西，也變得更精明，懂得更多。其實，這就是妳按步就班經歷的一項過程。

在第二十章，我會說明有一項投資讓我消除九五％的恐懼，也為說明那項投資是如何幫我消除恐懼，那是我最寶貴的人生經驗之一。

一位投資人的故事──「跨出下一步」

接下來我要跟大家分享一個振奮人心的故事，故事女主角勇敢面對初次投資房地產的恐懼，現在成為既快樂又成功的投資人。

薇達的故事

先生跟我經營一個小生意，兩個人都忙碌不堪，卻沒有什麼收穫。事實上，我們每個月的生意愈來愈差。

我今年四十七歲，有二個小孩在外地唸大學，家裡還有三個小孩要養。我實在找不出時間研究房地產，學習這方面的知識並尋找可能的房地產交易。不過，我知道自己必須抽出空來，因為我很清楚這件事對我跟我的家庭有多麼重要。我先生很支持我這樣做，而且我們也很喜歡一起學習。我們決定由我研究房地產，我先生則研究股票和選擇權這類投資。

當我決定進行第一筆房地產交易，買下一棟公寓大樓時，對我而言那真是一個重責大任。我們把所有積蓄都拿出來，才能完成那項交易，我簡直嚇得要命。我當然想過要臨陣退縮，多虧我身邊有幾位重要人士支持我，讓我完成第一筆交易。

當時，我不斷地告訴自己，過去這二年我花許多錢和時間接受理財教育，我知道自己在做什麼。我一再地告訴自己，讓自己不去理會內心反覆出現的這些雜音：「我根本不知道自己在做什麼」、「我怎麼會以為這樣做行得通」、「我即將把全家的錢都賠掉這類念頭」……等。

現在，我可以面帶微笑地回首從前，這種感覺真好。我完成那項交易，而且現在那棟大樓的房間都租出去了，每個月讓我有可觀的現金流進帳。我會繼續學習並買進更多的投資物件。現在，我變得更精明也更有自信，而且在投資中找到更多的樂趣。

RICH WOMAN™

HOW WEALTHY ARE YOU?

第十一章　你有多有錢？

「女人自己有錢後，才不會再依賴別人。」

～美國女權運動先驅伊莉莎白・凱迪・史坦頓（Elizabeth Cady Stanton）

有一天早上，我打開電子郵件信箱，發現珍妮絲寄了一封電子郵件給我，內容如下：「嗨，金！是我，珍妮絲！我明天臨時要到鳳凰城一趟，妳有空一起吃午餐嗎？」

我回信給珍妮絲說：「嗨，珍妮絲！明天我有空，我很高興可以跟妳聊聊近況，看看妳最近都在做些什麼。」

我們決定好用餐的時間和地點。

珍妮絲在寫給我的最後一封電子郵件中興奮地說：「金，我一直再想我們在紐約討論的事。我開始愈來愈明白投資的重要，尤其是像我這樣為自己的事業每天忙進忙出。我很渴望多聊一些這方面的事。我們明天見囉！」

隔天，我知道珍妮絲一定急著想談投資的事，因為她頭一次提早出現在聚會上。她竟然提早到！當我到達用餐地點時，她正拿著手機講電話並趕緊結束通話。她跳了起來，我們給彼此一個緊緊的擁抱。

「真高興妳打電話給我。」我說。

接著，我們開始用餐，而且滔滔不絕地談了二個小時。我根本不知道那頓飯吃了什麼東西，反正吃什麼不是重點，重點是老朋友又聚在一起。

我開始說，「告訴我，妳最近過得怎麼樣。」

金錢支配我！

「從我們上次見面後，我就不停地在想著當天討論的事。我當然還沒有想清楚所有事情，不過我開始隱約地察覺到，如果錢不再是問題，我的人生可能會變成怎樣。我從來不知道，在我決定的當下，有多少決定只是為了賺更多錢，有多少決定是為了我自己跟我的事業著想。舉例來說，上星期我剛好面臨一個抉擇。有二個活動剛好在同一個時間，我只能選擇參加其中一項活動。有一項活動跟建立人脈和進修有關，可以讓我聽聽零售業一些頂尖人士的想法，這正是我很想參加的課程。另一個活動是一個小型商展，我其實是去那裡推銷我的產品。」珍妮絲坦承。

「後來呢，妳參加哪一個活動。」我好奇地問。

「我的整個決策過程根本跟我事業的長期發展無關，」她沮喪地說，「整個決策就是當天我可以賺更多錢。所以，我選擇去商展。」

「然後呢？」我催促她趕快說。

珍妮絲繼續說，「參加商展根本就是浪費時間，只賣出一些產品。而且，來逛商展的人其實不是我的目標客群。所以，那次活動我一點也不開心。早知道，我應該參加那個整天課程，後來我才知道那天的課程中，有二位我很崇拜的『業界英雄』，如果我去的話就能跟他們請益。參加那天課程的朋友都說那個活動辦得好極了。我覺得要是當初參加了，就會學到很多東西，對公司日後的成長也會有所幫助。可是我卻短視近利，選擇參加商展。」

「我從這次事件中得到一些教訓，如果我不必依據當天能賺多少錢來做選擇的話，我的生活可能有什麼不同，」她說，「我開始明白，如果我可以有錢支付基本生活費用，不必仰賴我的事業過活，那麼我的事業就會更有趣，因為我可以依據事業長期發展和人生長遠打算來做決定。」

「昨天，我婉拒了一位女士的早餐邀約，我希望自己能在二年內有她現在的成就。我婉拒她的邀約後，去做了什麼?我跟三位重要業務幹部開會，因為我們上個月的業績下滑，」珍妮絲說，「現在，我知道那些業務會議很重要。但是，愚蠢的是，我可以把會議延到當天稍晚或隔天早上啊。結果，我反而錯失良機，如果跟那位女士會面，她一定可以幫助我推動事業發展。妳看，我又做了一件蠢事。」

「那麼，妳現在有什麼打算?」我問。

「我認為，我找到自己為什麼要開始努力尋求財務獨立的真正理由了。我希望我的事業是有趣的，我希望打造出一個讓我可以學習和成長，也可以讓跟我共事者可以學習、有所發展、大家都可以追求個人夢想與目標的場所。對我來說，那樣做會讓我既開心又滿足。」我可以看出珍妮絲一邊講，眼神中充滿熱情。

「這個理由很有說服力。」我承認。

珍妮絲跟我開始討論起來。

我跟她分享先前我跟雷絲莉的討論，多數擔心自己不夠聰明，無法從事投資，其實是因為「專家們」的用字遣詞。我們討論學習投資理財和財經方面的字彙或專業術語的重要性。

「那是關鍵所在，」珍妮絲表示贊同，「因為當我聽到那些不知所云的用語時，就讓我打退堂鼓。接著，就對整個主題失去興趣。」

這頓午餐，我們花很多時間討論財務獨立是什麼，以及為什麼要以現金流為主要考量。

下一個步驟

「那麼，接下來我該怎麼做？下一步驟是什麼？」珍妮絲急著問我。

「我說過財務獨立的首要目標是，讓自己不必工作就能取得夠多的現金流進帳，支付生活費後還綽綽有餘，妳記得嗎？」我問。

「記得，我很喜歡那個構想，」她回答，「而且，我還喜歡妳說的另一件事，妳提到財務自由不需要一大筆錢，我原本以為一定要有一大筆錢才可以獲得財務自由。」

「沒錯，感謝羅勃特的富爸爸，根據我所用的公式，對每個人來說，財務獨立是不一樣的。你需要取得財務自由的現金流金額，就跟妳的鄰居或妳的好友所需要的現金流金額不同。」

我跟珍妮絲分享羅勃特跟我在一九九四時如何獲得財務自由。「我們只花五年的時間，就獲得財務自由。我跟妳提到我在一九八九年買的第一間出租住宅，有二房一衛的小房子，記得嗎？五年後，我們以房地產為主的現金流投資，讓我們每個月有一萬美元進帳。雖然這筆錢不多，不過當時我們每個月的生活費只要三千美元。所以，從那個時候開始，我們自由了。我們不再要為錢工作才能支付生活費。現在，我們反而讓錢替我們工作，每個月有一萬美元的進帳。」

珍妮絲插嘴說，「所以，我的下一個步驟是計算我每個月需要多少現金流，支付我的生活費。我必須計算我每個月需要多少生活費。」

「正是如此！如果妳願意，我們現在就可以計算一下。」

「太好了。」她一邊說，一邊開心地敲桌子。

確定妳有多有錢

「好的，我們就來看看妳有多有錢。」我說。

「妳對財富的定義是什麼？」珍妮絲問。

「好問題，」我回答，「財富（wealth）這個字有各種不同的定義。我用的定義是好幾年前得知的，那是巴克明斯特．富勒（R. Buckminster Fuller）這位傑出投資人、哲學家和人道主義者對財富所下的定義：『**財富就是有錢生活多少天的能力**。』以財務觀點來看，即是妳在沒有工作的情況下，妳的錢夠讓妳生活幾天？如果妳今天開始不再工作，也就是妳從此沒有工作收入，妳的錢足夠妳生活多久？」

「妳要怎麼弄清楚這件事？」珍妮絲問。

「其實很簡單，」我回答，「妳先把生活費算出來，這是妳每個月『生活』所需的花費。如果妳沒有薪水或是無法從妳的事業獲得收入，妳每個月需要多少錢過活？」

「妳是說，我可以過活的最基本開銷嗎？因為我可以盡量避免外食或減少購物。」珍妮絲跟我解釋。

「我很高興妳提出這一點，因為這是一個重要區別。這項公式是依據妳目前的生活水準，並沒有要妳換一間小房子住，或是把車賣掉改搭公車。我並不提倡『縮衣節食』這種事。如果必須縮衣節食，過著妳不喜歡的生活方式，才能獲得財務自由，這樣的話，誰會想要財務自由呢？財務自由就與以妳目前的生活方式過活有關。所以，就用目前的生活方式，計算妳需要的生活費。日後，還是可以提高妳的生活水準，只要妳的經濟狀況許可，我極力推薦妳這樣做。」

步驟一

珍妮絲開心地點頭，「所以，如果我把各項費用加總起來，會包括下列這些項目。」珍妮絲當場列出她的生活費用清單，清單內容如下：

房貸	$2,500
房屋稅	300
房屋保險	150
房屋一般開銷 （水電費、電話費和第四台月租費）	350
車貸	550
瓦斯費	150
餐費和娛樂費用 （自煮和外食）	500
雜費 （衣服和居家用品）	500
書報費	50
旅遊度假費用	250

當妳列出自己的生活費清單時，可以依據下列分類列出妳的生活費用：

‧房貸
‧房屋稅
‧房屋保險
‧房屋一般開銷──水電費、電話費、有線電視月租費
‧房租
‧車貸
‧汽車保養費
‧瓦斯費
‧交通費用（火車、公車、計程車）
‧餐費──自煮
‧餐費──外食
‧娛樂費用──看表演、聽音樂會、看運動比賽等
‧雜費──買衣服、居家用品、書籍、頭髮護理等花費
‧書報訂閱費用
‧旅遊度假費用
‧子女費用：

褓姆費
學費
服裝費
雜費
運動費／補習費

- 醫療保險費
- 運動花費／健身房費用
- 寵物花費（寵物食品、醫藥費用、膳食費用）
- 庭院維護費用
- 其他交通工具費用（船隻、機車、休旅車）
- 進修費用
- 停車費用
- 其他個人所需費用

我看過珍妮絲的清單後問她，「那麼，妳每個月需要多少生活費？」
「每個月需要四千九百美元的生活費。」她說。
「妳很誠實地計算出這項數字嗎？」我向她探究真相。

「嗯，」她有點猶豫，「我可能還需要多花一點錢在衣服和娛樂費用上。我或許該把這項數字再增加一些。在清單上增加一個『預備金』或『雜支』這個類別，以防出現意外開銷，這樣應該比較好。」

「好主意，」我讚美珍妮絲，「妳愈誠實地計算這項數字，就愈可能順利達成妳的目標。」我補充說，「羅勃特跟我破產時，對我來說，最難做到的事就是每個月還要跟我們的簿記員見面二次。每次跟她開會，面對沒有什麼錢進帳，卻有一堆帳單要繳又有一堆債務未清的窘境，實在讓人不開心。不過，我必須坦承，愈誠實面對現況，則愈可以讓我們制定明確的目標，應付每一位債主並妥善處理每個情況。要是我們欺騙自己，故意不理會自己的財務現況，可能到現在還在處理那些債務。」

「我懂妳的意思。」珍妮絲回答。

她對原本算出的數字做了一些修正，然後說，「我需要五千三百美元的生活費。」

「做得好，」我恭喜她，「那是確定自己多有錢的首要步驟。準備好進行下個步驟了嗎？」

「當然準備好了。」珍妮絲回答。

步驟二

「下一個步驟就是，計算一下現在妳有多少錢，不包括工作收入在內。換句話說，如果妳今天開始不工作了，妳的存款及可以馬上變現的股票，以及從資產可以產生的現金流，總共有多少錢？」

「那麼我的珠寶或祖母給我的銀器，這些東西算不算在內？」珍妮絲問。

「基於二個原因，我不會把這些東西算在內，首先，我不知道自己有沒有辦法賣掉這些東西。如果賣得掉，賣價也很能可不如預期。再者，這項練習是以妳目前的生活水準為前提，如果妳賣掉所有東西，就等於是降低生活水準。」我跟她解釋。

「妳說得有道理，」珍妮絲坦承，「好吧，我趕快把自己的清單列好，不會花太久的時間。」最後，珍妮絲說，「我的存款有一萬八千美元，股票有六千美元。我知道這是匆忙列出的大略清單，最重要的是，我總共有二萬四千美元可用。」

步驟三

「很好，」我說，「現在，只要把二萬四千美元，除以妳每個月的花費五千三百美元，最後得到的數字是多少？」

珍妮絲從皮包裡拿出計算機。「也就是把二萬四千美元除以五千三百美元，得出『四．五』這個數字，」珍妮絲一臉困惑地說，「這個數字代表什麼意思？」

「表示妳可以生活四個半月。如果妳今天開始不再工作，妳的錢足夠妳生活這些時間。」

我看到珍妮絲的肩膀一沉，彷彿有點嚇壞了，後來她跟我說，「四個半月不是很久，我以前從來沒有想過這個問題。」

「這個答案沒有對錯可言，」我指出重點，「這只是妳的起點。對許多人來說，如果他們今天開始不再工作，他們搞不好一點錢也沒有，或者更糟糕的是，他們已經負債累累。」

「所以，公式就是把我的積蓄除以我每個月的生活費，這樣正確嗎？」珍妮絲問。

「就是那麼簡單。而且，我們接下來就會把這個拼圖遺漏的那部分補足，」我說，「不過，現在我們先假設某人每月生活費為二千五百美元，她的存款為五千美元。兩者相除下得到『二』，也就是她今天開始不再工作的話，她的錢夠她以目前生活水準過活二個月。」

「現在，把遺漏的部分拼湊起來，整個公式是這樣的……。」我在餐巾紙上寫下這段文字。

存款（或可用現金）
＋不必工作而取得的收入（或每月生活費）

＝ 妳的財富

「很顯然地，在不必工作而取得收入這個部分，我根本沒有任何錢進帳。那就是遺漏的部分，是嗎？」珍妮絲問。「所以，我的目標是什麼？是讓自己可以在不必工作的情況下，讓自己有錢生活直到老死嗎？那可是好幾個月，甚至好幾年的時間，數字會變很龐大。」

目標是什麼？

「是的，數字會很龐大，」我同意，「不過，妳問了一個很好的問題。獲得財務獨立，妳就有無窮的財富。」

「無窮的財富？」她一臉茫然地問。

「想想看，」我開始說，「財務自由和獨立意味的是，妳再也不必為錢工作，因為每個月妳可以從個人投資拿到足夠的錢支付生活費。所以，妳有無盡的財富，因為妳的錢財源源不絕。」

「如果我認為我需要一百萬美元度過餘生，那麼我必須努力工作存到那麼多錢。那樣我必須工作很久，而且永遠也不可能達成目標。而且，即使我做到了，那筆錢最後也有可能花完，然後我就會陷入財務困境。」

「這就是我要說的事。」我說。

「所以，我的生活費決定我需要的現金流金額。現在，我知道自己需要多少生活費，所以我可以訂定目標，每個月必須從個人投資獲得多少現金流進帳。」珍妮絲大聲地說。

「妳懂了！」我開心地笑，「這就是所謂的現金流，妳有現金進帳，而且這筆錢是從妳個人投資取得，也就是所謂的被動收入（passive income），因為妳並沒有替這筆錢工作，這筆錢就幫妳賺取收入，所以稱為被動收入。」

珍妮絲興奮地說，「還有，我的現金流目標就是，每個月在不必工作的情況下，就能從個人投資獲得五千三百美元的現金流！」

「是的，每個月有五千三百美元……，或者更多。」我說。

「或者更多！」她同意。

「現在，下一個問題是，妳怎樣達成這項目標？」

「我正要問妳這個問題呢！」她笑著說，「不過，妳跟我談到妳的投資公式時，其實已經跟我說明要怎麼做了。妳說，購買或創造資產。資產就是能把錢放進妳口袋的投資。所以，我接下來要做的是，開始學習並找出能把錢放進我口袋的資產！」她得意地說。

珍妮絲接著說，「在我們離開前，我還有一個問題要問，我目前沒有多餘的錢可以投資。為了賺錢，難道妳不需要有錢嗎？從事投資，不需要很多錢嗎？」

「這個問題太棒了，」我回答，「我知道我們都趕時間，所以下星期再打電話討論這個主題好了。」

我們走出餐廳時，我跟珍妮絲說，「有關妳問的問題，我先這麼說好了。講到投資，沒有錢反而是妳的一大優勢。我們再聊囉，再見！」

I DON'T HAVE THE MONEY!

第十二章　我沒有錢投資

「錢不能買到幸福，卻能讓妳在貧困時獲得極大的安慰。」

～美國劇作家暨外交家克萊兒．布斯．盧斯（Clare Boothe Luce）

我正在計畫一趟紐約行，剛好想起雷絲莉說，下次去紐約時記得通知她。所以，我打電話給她。

「妳好！」雷絲莉回答。

「雷絲莉，我是金。妳現在有空講話嗎？」

「當然有空！」雷絲莉回答。

「我大概二星期後會去紐約一趟，要不要見個面？」我問。

「只要可以吃午餐，什麼都好啊！」她笑著說。

我笑著回答，「午餐當然沒問題，幾天前珍妮絲才來我這裡，我們也一起吃過午餐！」

我們聊了幾分鐘決定見面的時間和地點。「餐廳就由妳挑！」我建議。

「我已經想到一個很棒的地方，我問問看再通知妳。」她笑著說。

跟姊妹淘的另一次餐聚

聚餐地點就讓雷絲莉那位藝術家去操心，她一定會想出很特別的用餐地點。見面當天，當我走向碰面地點時，實在搞不清楚雷絲莉說的「絕佳地點」在那裡。我拿出手機打電話給她，「雷絲莉，我正在橋上，接下來要左轉或右轉？」我問。

「右轉後一直走，妳會看到我們的，不會錯過的。天氣很好，對吧？」她說。

我一邊走一邊笑。天空中萬里無雲，天氣很暖和，所以我只加了一件薄外套。當我走到轉角，就看到雷絲莉。她就坐在中央公園中間草地上的一塊紅毯上，身旁還有一個很大的野餐籃，她看到我時開懷大笑。

我跟她揮揮手，快步走向她。我很訝異她身旁竟然坐了另一位女士。當雷絲莉跟我揮手時，她並沒有轉身。

當我接近她們時，我馬上就認出那位女士是誰。「崔西！妳怎麼會在這裡？」我興奮地大叫。我們給彼此一個熱情擁抱。

「錯過上次聚會讓我好難過。所以，當妳說要來紐約，雷絲莉就打電話問我，可不可以一起過來，」她說，「我不想再次錯過大家聚在一起的機會，況且上次聚會有多好玩，雷絲莉都一五一十跟我形容了。」

接下來的一個小時，我們聊起彼此的近況，也在景色優美的公園裡享用雷絲莉幫我們準備的午餐。崔西說，她在芝加哥的工作實在很累人，「我的生活根本不叫生活，」她語帶後悔地說，「我的工作比以前還多，可是這麼努力工作卻看不到回報。公司是幫我加了薪，但卻沒有讓我升遷。我先生的工作跟我一樣重。我們有二個小孩，一個讀高中，一個唸七年級。我盡可能兼顧家庭與工作，可是老實說，每天結束時我並不覺得情況有什麼改善。我已經盡了全力。現在，我真的準備好要做一些改變。」

「真正讓我害怕的是，」她補充說，「幾個月前，我先生的公司被賣掉了，因為兩家公司合併，所以他很有可能會被解雇。幸好，這件事沒有成真，不然我們的家庭收入就會銳減。不過，這件事讓我恍然大悟，原來我們的財務生活是如此不堪一擊。」

雷絲莉插嘴說，「我跟崔西分享我們上次聚會時聊到理財和財務自由這些事，她似乎很有共鳴呢！」

「妳們也知道，我現在正需要多瞭解這些。」崔西坦承。

我跟姊妹淘的午餐就跟往常一樣開始喋喋不休地聊了起來。崔西說到要兼顧企業經理人和照顧家人，實在很不容易。我引用《仕女雜誌》創辦人暨女權主義先驅葛蘿莉亞．史坦能（Gloria Steinem）的話說，「我還沒有聽說過，男人要求如何兼顧婚姻與事業生涯的建言。」

我們都笑了……。後來，大家沉默片刻，因為我們都很清楚那句話說得真對。

崔西說，「我想那就是為什麼『我沒有時間』這個想法，正是我生活的寫照。每當有人建議我做會占用我寶貴時間的事情，『我沒有時間』這句話就會脫口而出。我發現，雷絲莉跟我說妳們討論到金錢與投資時，我第一個念頭就是我沒有時間。不過，我真的覺得自己已經失去控制，我必須徹底做一些改變。那就是我今天來此的原因。」

似曾相識……，一個熟悉的問題

崔西必須投資的理由已經開始明朗。我們用很短的時間，讓崔西瞭解一些基本事項。接著，崔西就提出個很熟悉的問題。她問，「可是為了投資，妳不需要錢嗎？為了賺錢，一開始時，妳不需要錢嗎？」

我笑著說，「我們應該打電話給珍妮絲的，因為上次她跟我碰面時，我們用餐完離開餐廳時，她就問了這個問題。我們還沒有時間討論這個問題呢。」

崔西開口說，「要我承認這件事，實在很難為情，不過經過這些年，我跟我先生並沒有太多積蓄。我們有退休金計畫和一些共同基金，以及開了一個帳戶幫孩子存教育基金。其他的錢都用在家庭花費上，有時候甚至入不敷出。」

「崔西，妳的狀況已經比我好很多。」雷絲莉坦承。

「讓我先這樣說吧！這也是我跟珍妮絲用完午餐後跟她說的話，」我開始說，「對我而言，我開始投資時並沒有錢，而且我認為這是我的一大優勢。」

她們二個人一臉茫然地看著我。

「怎麼可能呢？」雷絲莉問，「我跟崔西的想法一樣，我認為必須有錢才能投資。」

「不過，在妳開始搜尋投資目標時，妳需要錢嗎？」我反問。

「我不懂妳的意思。」崔西說。

我回答，「妳們有沒有聽說過『只要我有錢，我就會做什麼、什麼』或『如果我有時間，我就會做什麼、什麼』？這些話聽起來很熟悉，不是嗎？」

崔西回答，「有啊！我也曾這樣說過，尤其是如果我有時間就會做什麼這句話。那又怎麼樣呢？」

「那妳有找出空閒時間嗎？」我問崔西。

她想了幾秒後坦承，「幾乎沒有。」

雷絲莉插嘴說，「我常說：『要是我有一些錢就好』。而且，妳可知道，因為我一直沒有錢，所以想做的事都沒做到。而且，因為錢總是花到其他事情上，所以我這樣說，好像是保證自己絕對做不到我想做的事。」

「那就是重點所在，」我說。「當我聽到人家說：『只要我有錢，我就會開始怎樣、怎樣』，我就可以確定他們絕對不會開始自己想做的事。光是『只要我有錢』這個想法，就是一個藉口，讓妳在有錢之前不做任何事。這是什麼事都不做的絕佳藉口。」

「所以，如果我只有一點點錢開始投資，我該怎麼做？」崔西有些沮喪地說。

「我可以跟妳們分享一個故事嗎？這個故事改變我認為投資就是要有錢的想法。」我問。

崔西和雷絲莉都點點頭。

我們沒有錢

「羅勃特跟我住在奧勒岡州時，我剛開始我的投資事業生涯，那時候我們都沒有什麼積蓄。事實上，我們當時根本沒有錢。光是每個月繳清帳單就是一大挑戰。有一天下午，我們從澳洲出差五天返回家中時，才走進家門，行李還拿在手上，電話就響了。那是房地產仲介打來的電話，他說，我們有一小時的時間可以看看一棟有十二間公寓的大樓。他先跟我們聯絡，如果我們不打算去看那個物件，他就會通知其他投資人。我們搭了二十四小時的飛機剛到家，實在累壞了。不過，羅勃特說：『我想去看看。』我還記得他坐上車時，我大叫說：『不要買！』因為我知道我們的財務狀況很糟糕。」

「後來，羅勃特滿心歡喜地回到家，他說的第一句話就是：『我買了！』」

我簡直嚇壞了。「什麼？我們沒有錢啊！」我馬上這樣說。

「『我們不能因為沒有錢就不投資，』他說，『我們可以想辦法，看看怎樣籌出這筆錢。我已經出價，賣方也接受了，我們有二個星期的時間可以檢查那個物件，包括財務狀況在內。如果我們看過後不喜歡，還是可以不買，也不會有任何金錢損失。不過，如果要買，則有二星期的時間可以籌錢。』」

「我必須坦承，我當時真的很擔心。」

「我們從仲介那裡取得這個物件的財務資訊。接著，我們打電話給在加拿大的友人德魯，他是一位相當成功的房地產投資人。他覺得有興趣，所以我們把資料傳真給他過目。這個物件的售價為三十三萬美元，我們必須籌出五萬美元的頭期款。一小時後，德魯打電話來說：『我真的很喜歡這個物件，這是一個很棒的交易。我投資五成！』換句話說，他要出二萬五美元，跟我們一起合買那棟公寓大樓。現在，我們只需要再籌出二萬五美元就行了。」

「『太好了！』羅勃特說，『我明天再打電話跟你談更詳細的資訊。』」

「德魯打電話來說要參與投資時，那時我們正在車上，當時我的心情既奇怪又興奮。我跟羅勃特說：『如果房地產投資專家德魯都說這個交易很不錯，那麼，這個物件應該很不錯囉！』」

「羅勃特點點頭。」

「我開心地說：『那麼，我們自己投資就好，全部由我們投資！』」

「羅勃特踩煞車，把車停到路邊後，不耐煩地跟我說：『聽好，德魯願意投資一半的錢，所以我們只要籌二萬五美元就好。如果我們自己出資買下這個物件，那麼等於回到原點。』接著我們兩人都不講話。不過，我們都在想事情，互相對看一會兒後，後來羅勃特說：『好吧，我們自己投資。』」

「很多人或許認為我們這樣做根本太蠢了。當時，原本說好合資，最後卻獨資，這樣做不是全贏就是全輸。」

「我們回到原點，開始籌五萬美元。走遍各家銀行卻都被拒絕，也跟認識的人接洽，提出合理的利率向他們借錢，可是沒有成功。後來，我們徹底檢查自己的財務狀況，籌出一筆資金，並從自己經營的事業，想出一些能夠馬上增加額外收入的點子，讓我們能在二週內籌到頭期款。總之，我們籌到二萬五美元。我心想：『這不就回到當初德魯說要合資的情況。』」

「我們繼續努力。在離最後期限的前三天，孤注一擲向往來的銀行求助。一開始時，我們並沒有接洽這家銀行，因為當時我們的個人帳戶和公司帳戶裡，只有三千五百美元，所以認為這家銀行不會貸款給我們。」

「羅勃特跟我走進銀行並要求跟經理詹姆斯會談。詹姆斯剛來這裡工作不久，他很喜歡我們。當我們跟他坐下來談，向他說明那項房地產交易，並提出財務資料並說明如何從這項投資產生現金流以支付貸款。詹姆斯靜靜地看著我們說：『二位真是有膽識，敢這樣就進來這裡。首先，我知道二位在我們銀行存了多少錢。其次，你們才跟我們銀行往來二個月。』我們幾乎料到詹姆斯接下來會說什麼。」

「詹姆斯繼續說：『即使我考慮要貸款給你們，但是這種情況實在很靠不住，不過我要你們做的第一個步驟是，二位先在這份文件上簽名好了。』」

「我們認為他這麼做只是基於禮貌，想減輕我們後續被拒絕的痛苦。」

「簽好文件後，我們把文件交給他。他看了一下，就把文件放進檔案夾。然後，他看著我們，面帶微笑地說：『恭喜，二位剛才已經取得你們的貸款。』」

「我們嚇呆了。『真的嗎？你是說，你答應給我們貸款？』我問。」

「『那個物件很不錯，』他說，『況且，我跟兩位見過幾次，我很清楚你們很認真發展事業，也相信你們會用心投資。祝好運。』」

「我們二人走出銀行時還是大感意外，後來我們打電話給仲介，完成這項交易……，百分之百由我們出資。」

「當時，那位銀行經理根本沒有合理的理由核發貸款。但是，我們怎麼會認為他會給我們機會呢？有時候，錢就出現在最最意想不到之處，奇蹟確實會發生。不過，重點是，如果我們沒有被投資這項公寓大樓及交易期限所驅使，也就根本沒辦法找到那筆錢或買下那個物件。」我說。

沒有錢嗎？沒問題

「聽妳這樣說，跟我原本認為我該做的做法剛好相反，」雷絲莉說，「與其先籌錢，妳認為應該先找出投資標的，是這樣嗎？」

「我的意思就是這樣，」我承認，「大多數人會說：『我會先籌錢，然後在買進投資標的。』我從經驗中學會，也寧可這樣說：『**先找到投資標的，再想辦法籌錢。**』」

「繼續說！」雷絲莉催促我。

「其實做法很簡單，」我接著說，「先找到投資標的，真正去瞭解投資標的，讓自己對投資標的產生興趣。舉例來說，如果妳找到的投資標的是一間三房二衛的出租公寓，妳就去實地參觀一下，當場摸一摸，在裡頭走一走，然後計算一下現金流。想像一下妳擁有這間房子，跟別人討論這間房子。現在，投資不只是一個構想或一個理論，而是真實的東西。在那個時刻，妳的思緒會猶如萬馬奔騰，妳會驚訝自己竟然這麼有創意，想出很多辦法籌錢。投資事業或做其他投資的情況也一樣會讓妳興奮不已。不過，最讓我興奮的通常是：察覺投資可以為我產生多少現金流。」

「所以，我要先尋找投資標的，而不是先籌錢，」雷絲莉再說一次，「換句話說，我可以馬上開始從事投資。坦白說，我剛開始弄清楚自己的財務狀況時，我有一點沮喪。我只想到，自己要更努力地工作賺錢。我實在不想去思考有關錢的事，所以我從來沒有費盡心思尋求投資標的。」

崔西插嘴說，「妳的意思是，如果我找到一個不錯的投資標的，錢就會神奇地出現嗎？」

「如果妳只是袖手旁觀、什麼事也不做就只是靜靜等候，那麼錢是不會神奇出現的，」我說，「妳必須採取行動，然後自己去找錢。如果妳已經掌握一項特定投資，則可以做二件事。首先，現在妳已經受到一項實際投資所激勵，可以向放款單位和可能投資人討論這項投資。其次，通常妳必須在某個時間期限內籌到一些錢或全部的錢。因為有期限的急迫性，所以妳不能說『我之後再解決這件事』。這種急迫性會促使妳馬上行動。妳跟愈多人、跟愈多放款單位和可能的投資人談過這項投資，妳就創造更多氣勢，氣勢愈強，機會就愈多。因為氣勢會相互吸引，而奇蹟就會在那個時候出現……，就像銀行經理貸款給我們的情況那樣。」

雷絲莉問，「妳每次都籌得到錢嗎?妳有沒有籌不到錢的經驗?」

「當然有。不過，這樣做至少讓妳真正參與投資。妳勇敢嘗試了。否則，妳只是對自己說：『我沒有錢，我負擔不起這項投資』，在還沒有開始投資就先放棄了。如果妳採取行動，想辦法籌錢，至少妳有五〇到一〇〇%的機會，可以完成那項投資。但是，如果妳一開始就認定自己負擔不起，那麼完成這項投資的機率就等於零。」

沒有錢反而是一項優勢

崔西問，「我知道要先找出投資標的。不過，我不太確定是不是瞭解妳說的這一點——沒有錢是一項優勢。聽妳剛才說的話，妳似乎費盡心思才籌到錢。」

「問得好，」我回答，「確實是要費盡心思，每一項交易都一樣。事實上，幾乎我們進行的每項投資，一開始時都沒有備妥所需資金。剛開始投資時，是因為我們沒有錢。現在，沒有錢的原因是，我們把所有錢都用於投資。」

「那麼，沒有錢是一項優勢的原因是……。」崔西催促我趕快說。

「因為這一點強迫妳思考，強迫妳發揮創意，而不是只想出用自己的錢做投資。現在，我有許多方法資助我的投資。最重要的好處是，我再也不會讓『我沒有錢』這個藉口，阻礙自己進行一項好投資。當妳必須做到某件事時，妳會訝異自己竟然做得到。」我說。

「羅勃特的富爸爸教他的寶貴啟示中，有一項就是絕對不說『我做不到』。每當妳說『我做不到』，妳的心智就自動關閉。與其說自己買不起某樣東西，富爸爸會這樣問自己：『我要怎麼做，才能買得起那樣東西？』藉由詢問自己這個問題，妳就會開始動腦搜尋答案。」

怎樣籌錢

大多數人要申請貸款或額外資金時，都會先跟傳統銀行聯繫。當接洽的第一家銀行拒絕時，他們就會放棄並說，「我沒辦法貸到錢。」因此，「沒辦法」這三個字又出現了。他們並不明白，接洽的第一家銀行並沒有放款給他們投資那類型房地產或事業的原因，不同銀行會放款給不同類型的投資。除了傳統銀行外，我在此列出資助個人投資的一些方式。當妳累積更多投資經驗時，會發現更多籌資的方法。

一、**賣方資助：**以出租不動產為例，賣方就扮演銀行的角色。妳跟賣方簽定貸款契約，明訂貸款金額，支付賣方的利率及貸款期限。

二、**從現金流獲得資助：**舉例來說，妳購買一項事業並跟賣方、放款單位或投資人簽約，透過這項事業產生的現金流來還錢給他們。

三、**放款單位資助：**妳可以找到各種不同的放款者。這時，抵押貸款仲介或商務仲介就是妳的有力助手。這些人知道放款者會資助哪種類型的投資，而仲介費就由放款者支付，妳不必付錢。

四、**可轉讓貸款：**在房地產業，一項房地產物件可能有相關的貸款，換句話說，妳可以只花一些心思，「承擔」原有貸款就好。不過，妳也必須承擔這項貸款的既有條件，包括：利率、貸款期限和其他任何項目。

五、**其他投資人：**這些人有錢卻沒有興趣、沒有時間或沒有專業知識去找出並管理特定投資。如果妳可以證明妳的投資，無論是房地產、事業、貴重金屬，都可以讓投資人獲得不錯的報酬，那麼個別投資人或許是妳尋求資助的絕佳管道。

六、**親朋好友：**妳可以向親朋好友接洽，看他們願不願意跟妳一起投資。由妳花時間費心管理投資，由他們出錢。如果妳要請親朋好友資助，得必須注意這些事：1.把親朋好友當成投資人，而不是把他們當成愛妳並且會「協助妳脫困」的人。如果妳打算成為一位投資人，就必須以專業方式處理每項投資。向妳的投資人證明，他們如何拿回資金並獲得不錯的報酬，擬妥妳跟他們之間的合約。2.由於妳跟親朋好友之間的情感關係，所以我並不建議向親朋好友尋求資助。妳大可不必為了一項或許無法順利執行的投資，拿友誼來做賭注。我就看過一些家庭糾紛，例如，姊夫借錢給小姨子，又急著要小姨子在七個月後還錢，最後小姨子只好急忙尋求新的資助管道。這樣做不值得，妳要把每一項投資當成各別事業看待，因為事實就是這樣。

總是會籌到錢

我跟朋友說，「就在上星期，跟我合作的仲介通知我一項房地產投資的消息。後來，我決定出價，經過幾次斡旋，賣方接受我的出價。仲介看到我四處籌錢支付頭期款。我有一點緊張地跟他說，搞不好會籌不出錢喔！不過，後來我還是籌到錢了，就在簽約當天，我跟他說：『謝謝你介紹我這麼棒的交易！下次有這麼好的交易請通知我。明天也可以。』」

「他看著我說：『明天？妳不是缺錢嗎？我以為這項交易讓妳用光所有資金？』」

「我很有自信笑著說：『只要有很棒的交易可以做，我就一定可以籌到錢。』」

崔西說，「所以最重要的是，我不應該把重點放在怎樣先籌到錢。如果我把重點放在那裡，也就沒有機會開始投資了。我反而應該先專心尋找投資標的，一旦發現投資標的，接著就專心籌錢。太好了，我喜歡這個構想。」

「就是這樣，」我回答，「現在，我跟妳們分享羅勃特跟我多年來使用的一項祕訣。利用這項祕訣，妳們就可以在不必徹底改變現況的情況下，每天累積自己的財富。不過，在說這項祕訣前，先把乳酪遞給我。」

MORE ABOUT THE MONEY

第十三章　揭開金錢的面紗

「一個好的目標就像做一次劇烈運動一樣，它讓你獲得伸展。」

～化妝品企業家玫琳凱・艾施（Mary Kay Ash）

「所以，妳要說的熱門祕訣是什麼？」崔西問。

「我再跟妳們說一個故事，」我開始講，「我說過，我們夫婦搬到奧勒岡時，既沒有存款，就連帳單的錢都要東湊西湊，記得嗎？」

她們二個人都點點頭。

「就是那個時候，領悟到，我們必須在財務上做一些改變，否則將永遠處於劣勢。即使當時賺很少的錢，卻還是決定，為了擁有財務前景，必須馬上採取行動，向我們的財務前景邁進。」

「所以，妳們做了什麼？」雷絲莉問。

「首先，請人幫忙記帳。」我跟她說。

「為什麼要請人幫忙記帳？」她好奇地說。「妳說，妳們根本沒有什麼錢，如果妳們只有一點錢，何必要請人記帳？」

「妳知道在個人財務方面自我欺騙有多麼容易嗎？」我問，「當時，我常想我們的財務問題會自己神奇地解決掉。我生性樂觀，最不想做的事就是面對我們的財務困境。我一直認為『如果我不去想那個問題，它就會自動消失』。」

雷絲莉笑著說，「妳會讀心術嗎？我就是那麼做。」

「這樣做比面對真相更容易，不是嗎？」我回答，「所以，我做出最艱難的決定，請人幫忙記帳，而且每個月簿記員要跟我們見二次面，她會當著我的面說，現在財務現況有多麼糟糕。那種情況就像媽媽要求小孩吃青豆，否則不讓小孩離開餐桌一樣。除非我把每一份帳單和每一塊錢（或不夠的金額）都處理好，否則貝蒂不會讓我離開的。我實在很不高興，只要想到要跟她開會，我就很害怕。」

「這樣做有什麼好處嗎？」崔西取笑我。

我笑著說，「讓我們清楚知道自己的財務狀況，讓我們無法假裝每件事都很好，或以為問題會自動消失掉。這使我很清楚我們有多少收入和開銷。而且，一旦知道自己的財務現況，就可以切合實際地開始弄清楚想要達到什麼目標，以及如何完成目標。在請貝蒂記帳前，我就像是把頭埋到沙子裡的駝鳥一樣。這跟打電話跟餐廳問：『怎麼去你們餐廳？』卻沒有告訴對方目前所在位置的情況沒有兩樣。如果餐廳接電話的人員不知道妳在哪裡，又怎麼指引妳呢？」

「所以，如果妳想弄清楚自己想達成的財務目標，就必須先明白自己目前的財務狀況。」

熱門祕訣

「每隔一個星期跟貝蒂碰面時，羅勃特跟我明白的第一件事是，我們並沒有為未來做準備，因為賺的每一分錢都拿去繳清帳單。所以，我們開始努力先把錢付給自己，然後再把錢付給債主。我知道『先把錢付給自己』這句話很老套，而且對每個人來說意思也不一樣。接著，跟妳們分享的是，先把錢付給自己對我們有何意義。」

「我們的計畫很簡單：不管收入來源為何，我們拿到的每一塊錢要先撥出三〇%。所以，如果我們有一百美元的收入，就得要拿出三十美元；如果我們有一美元的收入，就要拿出三十美分。」

然後，我們會把撥出來的這筆錢分成三個部分：

一、投資帳戶（一〇%）
二、存款帳戶（一〇%）
三、善機構或什一稅帳戶（一〇%）」

「我們從收入撥出三〇%後，再用剩下的錢來支付帳款。先把錢付給自己，表示我們撥出三〇%的收入打造我們的財務未來。」

「這整個方案的一項關鍵就是，妳必須持之以恆。妳不能說『我這個月先跳過去，下個月再撥出二倍金額。』因為到了下個月，妳很可能又做不到。這個過程最重要部分就是紀律，或是堅持撥出多少錢就多少錢。每個月妳要從收入中撥出多少比例的金額，其實並不重要，重要的是，培養把妳賺的每一塊錢看好的習慣。一旦妳建立起這個習慣，一切就會變成自然反應。」

「妳或許選擇不同的比例，我們選擇從收入中撥出三〇％，因為我們知道在當時財務吃緊的情況下，撥出三〇％的收入已經有一點困難。如果選擇撥出較少的比例，那也很好。不過，我基於二項原因，所以要提醒妳，別對自己太寬宏大量。」

「首先，如果妳撥出太少比例的收入，那麼妳就要花更久的時間才能看到成效。其次，如果妳無法迅速看到良好成效，很可能會失去興趣，中斷這項習慣。我相信妳必須稍微勉強自己，做一點犧牲，讓一切變得值得。發揮一下創意，並持續這樣做，妳會訝異自己竟然這麼快就可以看到那些帳戶的金額迅速增加。」

「我們領悟到的一項重點是，我們每個月從收入中撥出三〇％，那筆錢就是我們的未來。如果現在不開始替自己的財務前景預作準備，可能就沒有未來可言。」

崔西問，「但是，如果妳財務上如此吃緊，怎麼會有錢繳清帳單？」

我笑著說，「幫我們記帳的貝蒂就問我們這個問題！當初，我們談話的情況就像這樣。」

「我說：『貝蒂，我們要做的是從任何收入中撥出三〇％。那筆錢就存到三個銀行帳戶，我們只動用這些帳戶的錢進行投資和捐款給慈善機構。存款帳戶的錢只是做緊急備用金。』」

「貝蒂說：『不能那樣做！妳必須繳清帳單。那妳打算怎樣繳清帳單呢？』」

「我說：『我們每個月會還每位債權人一點錢。有時候，我們還的錢比債權人要求的金額還少。如果有必要，我會打電話跟債權人說明，我們保證會把錢還清，只是現在手頭比較緊，必須拖久一點才能還清。』」

「貝蒂說：『我有一個更好的主意。妳為什麼不先把帳單繳清，然後看看剩下多少錢，再把那些錢撥到三個帳戶裡。』」

「我說：『每個人都說他們要那樣做。問題是，那樣做根本沒有錢剩下來。我們就遵照這個計畫，債權人那邊我會負責處理。』

貝蒂對我的回答不是很滿意。

「所以，債權人有沒有整天追著妳們後面跑？」雷絲莉問。

「問得好，」我回答，「我當然不是建議妳們別把帳單付清。在美國，破產率高得離譜，而且在許多情況下，破產者根本不打算付清帳單，也不打算為自己的財務負責。我一點也不認同那種事。我們會付清帳款，也不時地跟債權人溝通，讓他們瞭解我們會還清款項。」

「我要說的重點是，處理財務問題的方式不只一種。妳必須發揮創意，檢視所有的選擇。創造妳的選擇，問問自己：『如果我打算採用先付錢給自己的這種方案，應該要怎麼做？我需要採取不同的做法嗎？』我要再次強調，這個習慣與多存一點錢無關，而是跟從今天起開始打造我們的財務前景有關。而且，我跟妳們說，那些帳戶裡面的存款增加速度遠遠地超過我們的預期。」

「妳再說明一下那些帳戶的用途，」雷絲莉說。

我在一張紙上寫下：

投資

慈善

存款

「首先，決定我們必須投資，所以設立一個投資帳戶。其次，我們深信必須先付出才有收穫，所以設立一個慈善帳戶或什一稅帳戶。再者，設立一個存款帳戶，萬一有什麼緊急事件或特殊機會出現時，就有錢可用。」

「『先付錢給自己』這個概念，不是要妳幫自己買一雙新鞋或去大溪地玩一趟，而是要妳把自己的財務前景照顧好。」雷絲莉深思地說。

「正是如此，」我承認，「而且，妳提出一個重點，因為人們經常誤解『先付錢給自己』這個概念，他們努力工作存錢『寵愛』自己……，最後卻一無所有。我就是從我們的投資帳戶中拿出第一筆錢，支付五千美元的頭期款，買下第一間出租住宅。」

「以我目前的狀況來說，我有點難以想像要撥出三〇%的收入，只靠七〇%收入過活。」雷絲莉有點難過地說。

「我想，如果這是大家都做得到的事，就不會有那麼多人為錢所困，」我回答，「要發揮創意，想想自己可以怎麼做。妳可以試著想想看去年妳的家庭收入大約有多少，明白嗎？」

「我明白。」雷絲莉回答。

「現在，以那個數字為準，如果妳一年前就開始進行這項練習，把三〇%的收入存下來，現在妳的銀行帳戶裡有多少錢。」

雷絲莉笑了笑。

「所以，想想看這樣做妳會有多少錢，而不是去想妳可能必須放棄什麼。」我建議。

雷絲莉一臉困惑地問，「放棄什麼？」

「是的，」我笑著說，「放棄原本的做事方法。原本，妳可能不知道自己在做什麼，不知道這樣做無法讓自己進步。」

「我懂妳的意思了。」她笑著說。

「妳現在還維持這項習慣嗎？還是撥出三〇%的收入到這些帳戶嗎？」崔西問。

「我們還是維持這個習慣，只不過現在我們把比例提高到已經超過三〇%。現在唯一的差別是，我們發現自己存款的首要用途就是用於投資。」

我們三個繼續聊天，徹底享受雷絲莉選擇這麼特別的「用餐地點」，還有她費心準備的美食和飲料。我們品嚐香濃可口的乳酪，放鬆心情地觀賞公園裡的各項活動，接著，雷絲莉的手機響了……。

練習

一、過去 12 個月妳的家庭收入總額是？ ______________

如果在過去 12 個月，妳把家庭收入總額撥出 30%，現在妳會多出多少錢？ ______________

過去 12 個月的收入總額 ×0.30 ＝ ______________

二、現在，妳每個月家庭收入總額是？ ______________

將妳每個月的家庭收入乘上「12」，就是妳本年度的家庭收入？ ______________

妳預期可以收到的額外收入，包括：退稅、贈與、投資、額外薪資。 ______________

家庭收入總額： ______________

如果在接下來這 12 個月，把家庭收入總額撥出 30%，那麼依據先付錢給自己這種做法，可以累積多少錢？

家庭收入總額 ×0.30 ＝ ______________

MY PARTNER'S NOT INTERESTED!

第十四章　我的伴侶不感興趣！

「權力就是有本領，無須取悅他人。」

～美國知名作家伊莉莎白・珍威（Elizabeth Janeway）

「妳好！」雷絲莉開心地說。

「雷絲莉，我是佩特。」電話裡那頭傳來一陣有力的女聲。

雷絲莉笑著說，「佩特！我就知道是妳打來的。太棒了，有妳來參加我們的午餐聚會，只不過東西都被我們吃光了。妳等一下喔！」雷絲莉把手機改為免持聽筒模式，「佩特，跟崔西和金打招呼吧。」

「大家好！很高興聽到崔西抽空來聚餐。現在，換妳們跟我說說剛才談了些什麼。」

崔西插嘴說，「真希望妳也在這裡。妳能打電話來真好。其實，金和雷絲莉才剛跟我說完妳們上次聚會討論的事。之前，雷絲莉跟我談到妳們對理財投資的討論，但我還想知道更多，而這也是我今天過來這裡的原因之一。我們聊得好開心，也很想念妳！」

「我真希望自己可以參加今天的聚餐，」佩特回答，「不過，我最近發生好多事。如果能跟妳們在一起就好了。」

佩特繼續說，「我把上次我們聚餐時討論的事跟我先生分享，當然只講了有關投資的事，沒提到我們年少輕狂的單身生活。不過，他似乎不感興趣，他說：『我們賺的錢已經夠用了，我不認為我們必須冒險從事投資，也不必操心錢的問題。』到目前為止，我對投資理財方面所做的努力就是這樣，如果妳最重要的伴侶不感興趣，而家庭收入來源又要靠他時，要開始進行一些新投資實在很難。我不知道該怎樣處理這種情況。」

我們沉默了一會兒。

我跟自己說，「這個問題很重要。如果妳的伴侶對投資不感興趣，可是妳對投資有興趣時，妳會怎麼做？妳要怎麼開始進行投資？妳需要他的支持嗎？我知道，如果妳能獲得他的支持，一切就容易得多。而且，妳要怎樣跟伴侶協議出雙方都可以接受的投資金額？這不只跟投資有關，也跟彼此之間的關係有關，而且那根本就是另外一回事。」我的腦子裡出現這些想法。

我抬起頭看到雷絲莉和崔西正在看著我，好像是說，「妳要跟她說什麼？她又該怎麼做？」

我不知道要說什麼，我自己沒有經歷過這種情況。我的情況剛好相反，我的伴侶經常鼓勵我多加學習，從事更多的投資。不過，回想起來，我遇過許多女性問過同樣的問題。所以，我知道這個問題不是只發生在佩特身上。

我開始說，「佩特，我沒有辦法給妳答案。我希望我有神奇的解決方法，但是我認為妳的問題是女性從事投資會面臨的最棘手問題之一。這個問題不僅跟錢有關，顯然也跟與伴侶之間的關係有關。所以，我會幫妳想一想，也跟一些人談一談，然後再跟妳報告我的發現。這樣好嗎？」

「太好了，」佩特說，「謝謝妳。」

於是，我們四個人繼續聊天，我們決定在下班時間塞車前，趕緊把東西收好走人。我們互相擁抱道別，也跟在電話上的佩特說再見，雖然不知道下次什麼時候再見，不過我們知道彼此會保持聯絡。

一個常見的問題

後來，我一直在想佩特的問題。如果妳想開始投資，可是另一半卻不感興趣，那麼應該怎麼做？

我發現談到這項主題，女性有一項特質，那就是大多數女性在做出重大改變或決定生活相關的重大決策時，都會貼心地為身邊的人設想。而且，女性在這方面比男性更加體貼。我認為這就是為什麼，許多女性想要開始投資時，馬上就會提出這個問題的原因。一般說來，女性在做決定時，常會考慮到身邊的人；然而男性在做決定時，卻常抱持比較具競爭性、只考慮自己的那種心態。

我的女性友人對於這項主題提出一個絕佳詮釋。她問我，「妳有沒有看過小朋友在游泳池開派對？如果妳叫一群小男生在游泳池畔排隊，妳會看到：他們每個人都站得好好的，而且拚命要讓自己比別人更出風頭。傑克濺出最多水花，查理跳得最遠，畢特的跳水姿勢最棒，丹尼潛水潛得最久。」

「現在，妳叫小女生做同樣的事，她們會怎麼做？她們會很有禮貌地排好隊，手牽手，然後一起數到三，一起跳入水中。」

我並不反對競爭，我熱愛競爭。我要講的重點是，女性通常比男性想更多，會考慮到身邊親密人士的感受，也多會去考慮到所做決定對身邊親密人士的影響。所以，「如果我的伴侶對投資不感興趣怎麼辦？」這個問題，通常會對女性產生困擾。

我時常聽到這個問題。（附帶一提，男性也會提出同樣的問題。）只是我還沒聽說過這個問題的答案為何？我很慶幸有羅勃特這樣的先生，他不但支持我的投資，也鼓勵我繼續學習並且接受更大的挑戰。他繼續催促我突破極限，所以我自己並沒有經歷過「伴侶對投資不感興趣」這種問題。不過，我認識許多女性和男性就面臨這種情況。

四個選擇

我認為，對於面臨這種伴侶對投資不感興趣的女性來說，她們最多可以考慮四種選擇：

選擇一：跟伴侶一起投資。這當然是最理想的狀況。俗話說得好，「二人同心，其力斷金。」投資牽涉到各種才能，從搜尋交易標的到協商條件，到處理合約事宜。通常夫妻一起投資，還可以發現自己從來不知道的才能，也可以把這些才能用於投資策略。其次，因為一起投資，兩人也可以一起學習，因此會有更多共通的話題。夫妻倆一起做決定，一起研究，一起學習，花許多時間相處。以大多數案例來說，這樣做不但可以改善夫妻關係，也對投資成功有幫助。

潔絲蜜這位女士就寫信跟我說：

> 我先生跟我都認為，我們一定可以找到更好的方式生活，而不是替企業賣命，承受沉重的工作壓力。我們開始一起看書，光是這一點就讓我們跟以前有很大的不同，因為我們同時開拓視野，知道世界原來可以很不一樣。閱讀、討論，並探討新構想，就成為我們在一起時的一項有趣活動，我們也決定在進行房地產投資時，彼此要如何分工。身為女性，我希望身邊的人能夠支持我，雖然未必需要這項支持，不過當知道在自己需要時能夠有一助力，真令人開心。

選擇二：獲得伴侶的支持，自己進行投資。這是第二種理想狀況。如果妳獲得伴侶的支持，就不必為了投資而跟伴侶費盡唇舌。他會站在妳這一邊，也希望妳會成功。其實，我跟許多這類投資人聊過。先生說，「妳想投資就投資吧。我支持妳，不過我不會主動參與。」

通常一旦妳開始這個過程，尤其是當伴侶看到妳投資獲利時，他就很難忽視投資這件事的存在。與其當一位被動的旁觀者，他會開始對投資感興趣，也會愈來愈投入。當我詢問婦女如何讓原本對投資不感興趣的另一半，開始對投資有興趣時，有一位女士就回答，「把錢拿給他看！」

接下來，要跟大家分享一位男士的故事，他老婆原本對投資不感興趣。我在此提出這個故事，是因為有時候女性並不明白，其實另一半也希望我們多多參與他們在做的事。

自從開始從事投資後，我老婆總是袖手旁觀。工作一整天下來，有時候甚至要做二份工作，回到家裡後趕快吃一點東西，然後就開始尋找我的第一筆現金流投資物件。

在找到一些投資標的並出價後，雖然被很多賣家拒絕，不過有一位賣家接受我的出價，於是我很快就完成第一筆投資，每個月從這個投資獲得三百五十美元的現金流。相信我，在第一次嘗試時，我曾有好幾次想放棄，不過我下定決心堅持到底。同時，我也希望老婆有一天也加入這個讓人興奮的事業，這是鞭策我努力不懈的最大原因之一。

這種情況持續一年。我常想如果我的老婆可以更直接地協助我，或許不必這麼累，不過我並沒有跟她抱怨這件事。就在不知不覺中，她開始對投資感興趣了。她看到我的付出、我的犧牲，以及我對這項投資工具的信任……，而且，她看到我賺錢了！

要扶養二個小孩又要管理四十幾間出租套房，還要處理相關事宜，實在是很繁重的工作。不過，我老婆就是這方面的專家。我為她的成就感到驕傲。對我們二人來說，投資一直是自我發展之路。我們發現持續成長與學習的必要。我從來沒有想過我們的關係可以變得這麼美好，能讓夫妻關係有如此的發展，真是再好不過。

選擇三：無法取得伴侶的支持，自己進行投資。這不是一個容易的選擇，妳不僅要踏入一個嶄新的世界，也正在做親密伴侶所不支持的事。所以，我不會假裝說，這是一件容易的事，一點也不是這樣。不過，隨著時間過去，如同前面那位男士所說，一旦妳的投資有一些收穫和明確的成效，他可能會回心轉意，變成妳最重要的支持者。在這種情況下，女性甚至更仰賴身邊其他人的支持，最好是尋求其他投資人的支持。

事實證明，女性投資團體就能在這方面提供寶貴的協助，投資俱樂部和投資組織亦然。如果妳的處境就是這樣，就要多跟與妳目標和抱負相仿的人在一起。

選擇四：不投資。我很不情願地把這個選擇也列出來，不過在現實生活中，許多女人就選擇這樣做——不投資。有一位女士就跟我說：「如果先生不支持，我還硬要做，我會擔心婚姻出問題。我希望最後他會改變心意。」遺憾的是，要讓對投資不感興趣的另一半改變心意，可沒有什麼急就章的方法或容易的做法。不過，可喜的是，全世界的女性現在都為此而努力。

怎樣讓另一半也對投資有興趣

在詢問投資人，「如果另一半對投資不感興趣，要怎樣讓另一半對投資有興趣？」我聽到一些很有創意也很實際可行的做法，所以列出來供大家參考。

梅根的做法

梅根確信自己想要從事投資，這個想法在她的腦海裡打轉了二年，於是她開始採取行動。她跟先生傑夫坐下來談並說明自己想做什麼，並希望他一起參與。

傑夫的反應是，「我沒有空。工作已經占據我所有的時間。看來，這件事對妳很重要，妳自己去做吧。只要讓我知道妳在做什麼就好。」

梅根很難過，傑夫對投資不感興趣，不過，至少傑夫想聽聽她在做些什麼，這一點讓她覺得很安慰。梅根找到她想投資的出租住宅，她在住家附近逛逛時，突然想出一個點子，讓先生參與第一筆投資。

接下來那個週日，她提議二人一起外出享用早餐，她跟傑夫說，「我聽說這家餐廳很不錯」。那家餐廳跟梅根想投資的物件只有六條街的距離。傑夫是一位圖形設計師，很有創意也有鑑賞力。所以，梅根把車子開到那間投資標的前面停下來問，「傑夫，如果這間房子是你的，你想怎樣整修？」

傑夫說，「首先，必須先把庭院整理一下。接著，應該做好石頭步道，兩旁也該鋪上草地。遮雨篷的顏色也要改成明亮一點的顏色，這樣整間房子才能讓人更有好感。而且，我一定會把前門換掉。」

「你想跟我一起那樣做嗎？」她笑著說。

「妳在說什麼啊？」他問了這個問題後恍然大悟地說，「這就是妳想買的房子，是嗎？」

從那天起，梅根和傑夫成為房地產投資夥伴。梅根聰明地想出如何藉由讓傑夫發揮本身才能，來激發他對投資的興趣。原本，梅根談起數字和跟仲介打交道的事，傑夫都興趣缺缺。不過，當他透過藝術家的眼光檢視那個物件時，他就對這個投資案產生興趣。

跟另一位老公也對投資不感興趣的女性提到這個故事時，她說，「那太好了！我先生喜歡園藝，他總是對我們住家附近一帶每間房子的庭院有意見，還說要是他來做的話會怎樣、怎樣的。現在，我會用這個方法激起他對房地產的興趣！」

艾德溫的故事

艾德溫來信說：

我讓老婆和小孩對投資感興趣的方法其實很簡單，就是讓他們一起參與。我們家定期玩現金流101紙板遊戲，所以孩子可以跟我們一起學習。在週末時，我們會開車四處逛逛，尋找適合的投資物件。我們會玩「價格猜猜看」（The Price Is Right）這個遊戲，推測房子的實際面積、有幾間房間和幾套衛浴設備、開價多少，然後我們會拿起房仲業者發的廣告傳單，看看誰猜得比較準。換句話說，我們設計遊戲並讓每個人一起參與也樂在其中。

莉亞的故事

莉亞的做法有一點狡猾：

我爸爸送我《財富執行力：富爸爸的槓桿原理》（Retire Young Retire Rich）這本書時，我發現那正是我想要的——獲得財務自由。我已經厭倦每天晚上拿書摘給我先生看，他根本沒有那麼喜歡看書，對他來說看書沒有什麼意義。

我跟我的朋友提到這個問題。他知道我們在那個週末會有一趟長途車程，所以他刻意地把《富爸爸，窮爸爸》（Rich Dad, Poor Dad）的有聲書借給我。我先生跟我一起坐在車裡六個小時，他沒有別的選擇，只好跟我一起聽有聲書。

而且，令人驚訝的事發生了……，真是上帝顯神蹟！他突然開竅了，我們那次旅途中一直討論這些構想，也談到可以怎樣改變我們的生活。現在，我們創辦自己的投資事業，也買了一個投資物件。

安德莉亞的故事

安德莉亞則大膽向老公發出最後通牒，她說：

我先生是馬來西亞吉隆坡一名野心勃勃的股票營業員。一九九八年時，在亞洲金融風暴後，他不但失業了，也讓我們在股市中賠掉半數以上的財產。

我們搬到美國住。我先生回到金融業上班，他把我們剩下的錢再一次投入股市。而我自己在家創辦一個小生意。二〇〇〇年時，我們的投資報酬率高達六〇%，我催他趕緊賣出獲利，他當然不會聽從老婆的意見，他認為我們要做「長期」投資。我這位好老婆，讓先生主控家計大權，所以沒有堅持己見。二週後，股市崩盤，我們的存款幾乎全都賠光了。

隔年，又發生恐怖攻擊事件，我們兩個人都失業了。我們有高額房貸要繳又沒有積蓄，根本別無選擇。妳可以想像當時我們這個地區的緊張氣氛，而且我們住的回教社區也遭受歧視，對小孩和我們來說，這種環境實在很不健康。

最後，我妥善因應自己的不安、氣憤與惱怒。就像許多婦女一樣，因為先生是家庭的主要收入來源，所以我把理財這件事交給他負責。現在起，我要求先生在我們生活的各個方面，都把我當成夥伴公平地對待，包括理財在內。我要求他不要每次談到跟錢有關的事情時就生氣；我要求我們一起努力理財，也要求他別再反駁我的構想，或是認為我的想法荒謬可笑。我向他發出最後通牒——我們一起努力從財務困境中脫困，不然就各過各的。我知道當時很大膽，也很冒險，更瞭解這對我們的生活會造成怎樣的後果，尤其會影響到小孩。

幸好，我的賭注有了代價。最後，我們一起努力為這個家著想。我不再被先生看輕，而是婚姻關係中的對等夥伴。現在，我們已經將情勢逆轉，我們在夏威夷懷基基海灘有八間出租公寓，也完成二項房地產開發專案。我們預計在二年內就能脫離這種勞碌奔波的生活，獲得財務自由。

我知道如果妳的伴侶並不支持妳進行投資，妳就很難獲得財務自由，而且我當然希望妳不必以離婚來威脅對方，才能讓對方恍然大悟、瞭解投資的重要性。

其他做法

我聽許多人談論這項主題時，總會聽到二項建議再三出現。第一項建議是：盡可能讓另一半參與投資過程。不管妳決定採用哪一種投資工具，都可以讓另一半逐漸參與妳在做和在學的事。起初，可能只是讓對方看看某則報導或講起某人說到當地房市的趨勢。許多人表示，他們藉由讓另一半參與整個投資過程，順利引起另一半對投資的興趣，所以千萬不要拒絕對方參與投資過程。對許多夫妻來說，更多的溝通其實就是關鍵所在，溝通愈少當然愈不可能讓對方改變心意。

第二項建議則是，女性要先採取行動，要主動積極。有一位女士說，「我知道做與不做，決定權在我。我相信我先生會改變想法，最後他確實改變了。他看到我對投資很投入也很狂熱，這一點引起他的注意。而且，當他看到我真的賺到錢時，就開始對投資有興趣了。」

妳跟另一半在金錢方面的關係

這些故事引發一個大多數夫妻應該解決的一項最重要問題，即是：「講到錢，妳跟另一半在這方面的關係是什麼？」

換句話說，妳會跟另一半公開討論錢的問題嗎？財務決策通常是由當中的某一個人主導嗎？會一起討論這些決策嗎？你們很少討論錢這個話題嗎？我提出這個問題的原因是，我相信世上最熱門的二項主題就是關係和金錢。所以，當妳把這二樣東西擺在一起時，任何情況都可能發生。難怪現在最常讓夫妻之間起爭執的事就是——錢。

妳想成為有錢人嗎？

羅勃特在剛認識我時，就問我這個問題，「如果妳變得很有錢，妳覺得會有問題嗎？」我心想，「這個問題也太奇怪了吧。誰不喜歡很有錢，怎麼會有問題呢？」

我跟羅勃特說，「當然沒有問題，你為什麼這麼問？」

他說，「妳應該會很驚訝，每當我問女性這個問題時，她們總是認為專心賺大錢這種行為很討厭。還有一些女性認為，以致富為目標實在很膚淺。有很多人認為錢不是公開討論的話題。這真是令人驚訝的事，我們每天都要用到錢，結果錢卻是一項禁忌話題，我不懂為什麼會這樣。當富爸爸跟我說：『金錢或許不是你生活中最重要的事，卻會讓你生活中每一件重要的事情受到影響。』金錢影響到你獲得的醫療照顧水準，影響到你和子女的教育、食物、住所等。我無法瞭解為什麼人們不討論金錢這個話題。我打算讓自己變得很有錢，我想知道妳對這件事有何看法。所以，才問妳那個問題。」

後來，我們對金錢這項主題做了許多討論。我們分享各自想要的生活方式。我們討論自己從小到大時，家人有沒有談起錢這個話題。當我們還小時，長輩對我們灌輸什麼樣的金錢概念？通常，家人對於金錢的看法和做法，會影響到我們長大後對金錢的看法和做法。對我們自己來說，錢究竟代表什麼？

那是一次很有趣的談話，我以前從來沒有跟別人這樣討論過錢。我們探討到許多重點，那是我以往從未想過的事。這次談話讓我耳目一新，也讓我想到許多問題。

重點是，我們知道彼此對錢的看法，也讓我們允諾要開誠佈公地討論跟錢有關的每一件事，同時也解開金錢這項話題的神祕面紗。

怎樣討論金錢這個話題

如果妳無法坦承地談論金錢這個話題，那麼妳或許要找一個特定時間，跟另一半開始討論這個話題。以下的問題，請試著回答：

一、妳們的父母是如何跟妳們說明金錢這個話題？

二、妳們自己對於金錢的想法跟父母有何不同？

三、錢對妳們來說代表什麼？

四、妳們對於很有錢的人有什麼看法？

五、究竟多有錢才算「很有錢」？

許多人因為某些原因，討論金錢話題就不太自在。所以，如果妳跟另一半討論金錢話題時，隨即遭到一些阻力，那麼，妳應該慢慢來並且用比較溫和的方式來進行。這跟談論可能讓人不自在的任何話題沒有什麼不同。妳只要從幾個方面下手，找出對方有反應的方式。我發現，一旦妳找出竅門讓對方有反應了，後續就會跟著順其自然。

回覆佩特

我打電話給佩特，回覆上次我沒有回答的問題。我們談到在佩特的婚姻中，她跟她先生如何處理金錢這件事。結果，我發現他們夫妻很少討論金錢這個話題，這一點我並不感到意外。佩特的先生負責賺錢，佩特則負責繳清各項帳單。目前為止，情況是這樣。他們會討論像住家、汽車和度假這類花費較大的採購事項。不過，所有投資的事宜都由佩特的先生處理，包括：購買一些共同基金及偶而聽從股票營業員的建議，買一些股票。除此之外，金錢就不是佩特她們家的討論話題。

「對於我這位記者來說，這可能是一個絕佳時刻，讓我先生真正公開跟我討論關於錢的事，」佩特說，「這件事要慎重處理，不過卻是一個很好的出發點。」

我跟佩特分享一些情況跟她一樣的投資人，怎樣讓另一半對投資有興趣。當我唸這些故事給她聽時，她安靜地聽我說，但我知道她正在思考她該怎麼做。

「謝謝妳跟我分享這些故事。我現在已經開始有全盤的概念了。原來不是只有我陷入這樣的困境，也有人跟我一樣，而且她們採取行動、做出改變，知道這一點，實在讓我大受鼓勵。我本來覺得自己被困住了，現在我可以看到一些選擇。我最擔心的是，這樣做會讓我的婚姻失和，這一點讓我很不安。聽到其他女性的做法後，我知道這樣做是可行的，也知道有解決方案。現在，我可以掌控情勢，而不是等待並指望我的先生回心轉意。我認為最理想的情況是，能跟他一起參與投資，因為這樣做能讓我們有共同的目標，也讓我們的婚姻更穩固。如果他選擇不參與，我不會讓這件事阻止我。我會告訴妳最後結果是怎樣！」佩特開心地說。

佩特的語氣聽起來整個人生氣勃勃。「祝妳好運！」我說，「我很瞭解妳，佩特，一旦妳下定決心後，一定會得到妳想要的，再見囉！」

我們掛下電話，我突然想到：我再也不擔心佩特了。她會做得很好。我倒是有一點擔心佩特的先生，他的生活才開始要出現改變。

第十五章　女人為什麼是優秀的投資人

WHY WOMEN MAKE GREAT INVESTORS

「只要可以拿到錢，女人不在意鈔票上有沒有印上我們的照片。」

～前美國財政部財務長艾薇・貝克・普里斯特（Ivy Baker Priest）

現在，該是女人突破傳統教養方式的時候了。我們可以瞭解女人與投資扯不上關係的這種說法（或是如同某位不知名仁兄的回答，當我跟他說我正在寫一本有關女人與投資的書時，他說，「女人與投資，那簡直是一大矛盾！女人與花錢，這樣說比較有道理吧！女人和投資哪有什麼關係啊！」不可置信吧，是嗎？我選擇不理會他的說法。從小到大，爸媽就教導我要聰明地選擇自己的戰場。這傢伙根本一點也不聰明。）

我們可以大智若愚，在談到財務時，我們可以裝傻、裝不懂。我們可以扮演男性背後那個支持的角色（不管妳是支持老闆、先生或事業夥伴）。只不過，我們必須打破女性扮演的傳統角色，脫離女性長久以來所受到的枷鎖。

最重要的是，我們很聰明。老實說，我們知道的事比假裝知道的事還要多。加上我們具有異常敏銳的常識，更別提我們還有寶貴的直覺。事實上，就算在金錢、投資和財務這些方面，以往沒有女性可以扮演的角色，那又怎麼樣呢？

時代已經改變，也會持續不斷且經常地更動。

「我不擅長理財」或「投資的事我毫無所悉」，這些話不再是正當藉口。當然，以前怎麼樣已經不重要，重要的是妳今天做的選擇。

這是妳的選擇

對於女性投資這件事，我認為有二個選擇：第一，接受妳在金錢與投資這方面無法占有一席之地，只滿足於平衡家計、付付帳單就好。第二，選擇掌控自己的財務生活。妳必須要知道，妳的財務未來是要交給自己或別人掌控，這都是妳可以決定的。瞭解自己的財務狀況，做好準備，採取行動，並且實現理財目標。

現在確實是妳該做出決定的時候了。（而且，我知道有很多婦女已經做好決定。）妳可以討論自己想要的一切，一直夢想著自己能擁有那些東西，費心研究投資理財這項主題。不過，最後總要面臨這個時刻，必須有意識地做出決定。我建議妳，現在就做決定。

妳要做的決定是：為了讓自己在財務方面獲得成功，以及是否打算不計一切代價實現目標？如果不是，那麼我知道是自己同意讓別人為我的財務健全負責……，也接受這樣做所帶來的後果。相反地，如果我願意不計一切代價努力在財務方面獲得成功，那麼，現在就是把所有藉口拋諸腦後，開始努力呢！就這麼簡單，而此就是妳要面對的決定。

向妳的未來邁進

到現在為止，我們討論到讓許多女人談到投資就嚇壞了的障礙、想法和錯誤資訊。現在，我們邁向未來的時候到了。要如何成為一位非常成功的投資人？如果妳才剛起步，應該從哪裡開始著手呢？如果妳已經是一位投資人，又該如何讓自己更成功？這就是這本書後續章節所要討論的重點。

好消息

我們就先從好消息開始講起：女人可以成為相當優秀的投資人。統計資料就可以證明此事，我在世界各地見過的女性投資人也可以證明這一點。而且，每天都有更多女性加入優秀投資人的行列。統計資料再三顯示，女性天生就是投資好手，以下這些事實就可佐證：

一、全國投資人社團法人協會（National Association of Investors Corporation, NAIC）在二〇〇〇年做的一項調查發現，從一九五一年以來，女性投資俱樂部的平均年報酬率為三二%，而男性投資俱樂部的平均年報酬率為二三%。

二、根據加州大學戴維斯分校（University of California-Davis）泰倫斯．歐定教授（Terrance Odean）對投資行為所做的一項研究發現，其實女性的投資報酬比男性要高，大約高出一．四%。

三、根據全國投資人社團法人協會在一九九五年做的一項調查顯示，以過去十五年來看，其中就有九年，女性投資俱樂部的投資績效勝過男性投資俱樂部。

四、根據美林投資經理人（Merrill Lynch Investment Managers）進行的一項調查發現男性和女性的投資行為如下：

事件	女性	男性
賠錢的投資沒有停損賣出	三五%	四七%
賺錢的投資沒有停利賣出	二八%	四三%
沒有先做好功課就買進熱門投資	一三%	二四%
在投資時重蹈覆轍	四七%	六三%

事實證明，女性確實比較懂得如何處理金錢事宜。

女男大不同

有關男人或女人誰比較擅長投資的論述多得不勝枚舉。我不贊成哪一種性別對投資比較在行的這種說法，因為投資跟性別無關，就像唱歌有人唱得好，有人唱得不好；煮菜有人煮得好，有人煮得不好；做生意有人做得很成功，有人卻失敗得一塌糊塗。所以，有成功的投資人，也有失敗的投資人。一切都跟個人有關，跟本身技能、知識與經驗有關，這些因素讓人在投資中有獲利和虧損之別。

儘管如此，有許多女性在從事投資時，確實擁有一些明確的優勢。有許多事我們做得很好，有些甚至是我們天生就在行的事，而且這些事對於成為優秀投資人特別有幫助。現在，我明白並不是每一個女人都有這些特質，不過，我認為有許多女性會發現自己或多或少具有這些特質。而且，我們的職責就是善用這些特質，讓自己獲利。

讓女人成為優秀投資人的八項優勢

一、我們不會害怕說：「我不知道」

到目前為止，我認為談到投資，大多數女性的第一大優勢是，不會害怕說：「我不知道。」當我們不懂某件事，會比較願意提問也樂於坦承。那種必須事事都懂，怕被別人看扁的人，絕不可能學到東西或有所成長。如果你必須表現出什麼事都懂，當妳不懂某件事時還要裝懂，那麼妳就不可能提出問題、找出更多事實，妳會因此停止學習。其實，怕被別人看扁的人就是笨蛋。

我的友人法蘭克現年八十五歲，他是我認識最傑出投資人暨企業人士的其中一位。我很欣賞他到現在還保有七歲小孩的好奇心，他對每件事都有興趣並且時常發問。有一天，我跟他在一起，別人向我們介紹一位男士，那位男士三十五歲。

法蘭克問，「你是做哪一行的？」

這位男士回答，「我在華爾街上班，處理企業首次公開發行股票事宜。」

法蘭克問，「那種工作一定很有趣！再多告訴我一些事吧。」接著，這位男士大概跟法蘭克聊了二十分鐘，談起企業首度公開發行股票的事。法蘭克靜靜地聽，他只是很好奇。當我們離開時，法蘭克跟我說，「那真的很有趣。」

這個故事的重點在於，法蘭克從二十幾歲開始就在華爾街股市打滾，他在這方面知識豐富，卻還花時間聽聽股市新手怎麼說，只因為他想學習新東西。法蘭克就是值得我們學習的好榜樣，他從來沒有假裝自己什麼都懂，所以他愈虛心求教，也就懂得愈多。

女人可以大膽說出：「我不知道」，這樣做的好處是讓我們敞開心胸學習更多的答案。要找到答案，妳只要在跟別人談話時問問，「那件事我不太熟悉，你可以跟我說明那件事嗎？」或者，妳在報章雜誌或電視上看到什麼讓妳好奇卻不太瞭解的事情時，就可以上網或去圖書館查查看。

我真的認為大膽說：「我不知道」，就是我們身為女人所擁有最具威力的學習利器之一。

而且，要做到這樣，就要有自信。因為不想讓人看扁，所以假裝什麼都懂，這種人就是因為自卑感作祟，自信不足才會這樣。所以，勇敢驕傲地承認「我不知道！」妳會為自己即將知道的事感到驚訝。

二、我們願意請求協助

因為我們願意發問，所以許多女人在投資時獲得的第二大優勢是，比男人更願意請求協助。

有一天下午，我到瑪莉和卡爾這對夫妻家作客，卡爾當時忙著整修客房的浴室，工具擺得到處都是，笨手笨腳地修理馬桶。瑪莉經過無心地問，「卡爾，我打電話問水電工，看看問題可能出在哪裡？」

「不必那樣做，我馬上就會修好。」卡爾回答。

一小時後，卡爾從浴室走出來，看起來一臉倦容，他語帶挫折地跟瑪莉說，「我想，妳應該打電話給水電工，問題可能比我想像得還嚴重。」

水電工過來檢查，最後把整組馬桶換掉。卡爾對整件事的評論是，「看吧，我早就跟妳說這是一個大問題。」後來，這位跟卡爾夫婦熟識的水電工私下跟瑪莉說，真正的原因其實是一個小零件壞了，可是卡爾東修西修把馬桶修壞了，所以只好整組換掉。

馬桶故障時，瑪莉馬上想到打電話給這位水電工求助。這種情況跟夫妻到人生地不熟之處的情況沒有兩樣，女方總會建議先把車子停下來找人問路，男方卻拒絕這樣做並說，「我會搞清楚我們在哪裡，我確定沒有走錯路。」講到投資，女性總會打聽消息，尋求協助。這樣做讓女性投資人獲得二項優勢，一是學習新知，另一是不必浪費時間去搞清楚不懂的事。

三、女人是精打細算的購物者

大多數女性都是精打細算的購物者。這一點為什麼很重要呢？因為她們知道怎樣發現物超所值的好東西，也懂得殺價。這一點也適用於投資，找出某項物超所值的東西並買下它。

理財教育家暨作家露絲．海頓（Ruth Hayden）對此做出絕佳詮釋，「如果我們女人以在購物中心買東西的方式來進行投資，就會賺大錢。股價低時，就像內褲三件一起買有特惠價一樣。」

精打細算的女性知道路易．威登（Louis Vuitton）的皮包價值多少錢，也明白唐娜．凱倫（Donna Karan）的牛仔褲要價多少。她們很瞭解產品，所以知道價格降到多少時就該出手，因為買到就是賺到。這種情況跟投資沒有兩樣。如果妳熟悉並注意某些股票，或者妳留意特定地區的房地產市場，那麼當價格下殺時，妳就會發現物超所值的物件。如果妳對「產品」不熟悉，也沒有花任何時間查詢價格，那麼，妳就不知道那項產品或投資的真正價值。**購物和投資的公式都一樣：找出廉價出售的好東西，把它買下來，就這麼簡單**。

四、女人肯做好自己的功課

一般來說，女性不會相信「熱門股」，根據全國婦女暨退休研究中心的調查顯示，女性比男性花更多時間研究自己的投資選擇。這一點讓女性投資人不會憑著一時衝動進行交易，也不會追逐「熱門股」。男性投資人就比較常出現這種投資行為，所以讓本身的投資組合受到不利影響。

女性通常不是看到廣告就被吸引的顧客，而是因為交易合理才購買。

五、女人討厭風險

研究顯示，女性比男性更討厭風險。我聽過一些說法，女人不可能成為成功的投資人，因為女人比較不願意冒險。如果女人比較不願意冒險是事實，這難道是一件壞事嗎？

至少以我個人來說，每當我要大膽進行某項投資，而且覺得這項投資有些風險或是不太熟悉，就會比平常花更多時間調查一下，更加費心地做好功課，然後再決定要不要投資。如果女性真的比較討厭風險，那麼這反而讓女人多花一點時間研究自己正要進行的投資，最後也讓女人在投資上有更好的佳績——統計資料即可證明此事。

我們女人需要注意的一個陷阱是，因為討厭風險，讓我們持續不斷的分析與研究。而這種情況就稱為「過度分析症候群」（analysis paralysis），發生這種情況時，最後可能讓我們什麼事也不做。我們要善用風險，讓自己獲利，別因為風險而裹足不前。

六、女人比較不自大

我相信接下來要講的這一點，男人一定有意見。

講到自己的投資，女人通常比較不自大。我那些也做投資的女性友人通常都實事求是，也很清楚自己的投資報酬。大家都知道，男性通常會為了自尊或虛張聲勢，稍微（只有稍微嗎？）誇耀自己的投資。我那些女性友人只想誇耀自己從投資裡真正賺到多少錢。把錢給我看！就像一九五四年擔任美國財政部財務長的普里斯特所說：「只要可以拿到錢，女人不會在意鈔票上有沒有印上我們的照片。」

全球投資協會（Global Investment Institute）的蜜卡．漢密爾頓（Mika Hamilton）寫到：

在訓練人們如何在股市中積極交易的公司上班，我看到成千上萬的男女透過各種投資踏上致富之路。我們的客戶中，男性約占八成。不過，最成功的投資人有八成是女性。

基於這項經驗，我開始推測為什麼女性比男性在投資上有更好的表現。我左思右想，怎麼樣也無法忽視這些事實。跟男性相比，女性確實是更優秀的投資人。

但是，為什麼呢？簡單講，就是因為這六個字：「自大、自大、自大」。大多數男性最常見的通病就是大男人的心態。

男人很容易讓這種自大心態左右他們的決定。在應該賣出投資標的時，卻因為這種心態而遲遲不願出手。他們因為害怕錯失大好機會而買進投資標的，卻因為怕被看扁而拒絕發問或尋求協助。

換句話說，男人比較想讓自己看起來很厲害、博學多聞或很成功。他們不是為了從市場中取得絕佳交易而投資，而是為了讓自己看起來很棒，或是看起來不那麼差勁而投資。

相反地，女性在完全瞭解自己正在學習的事物前，比較可能再三發問，而且她們通常對目標比較感興趣（以這個例子來說是指賺錢），對於讓周遭人士另眼相看比較不感興趣。人們想到投資時，通常會想到碰碰運氣和風險。但是，事實上，投資跟情緒智商（emotional intelligence）的關係遠超過大多數人所理解。情緒智商是指客觀判斷情勢、不要太感情用事的能力。通常，女性的情緒智商比較高。

這項特質讓女性成為優秀的投資人。在投資時，女性不會為了虛張聲勢而投資，她們會依照計畫進行投資，況且她們不會依照心情好壞，或認定自己的看法最正確不過而進行投資。

七、女人是培育者

講到投資，女性通常會好好照顧自己的投資。前幾天，我跟一名友人聊起她投資的一棟公寓大樓。她很自豪地談起她將這棟大樓重新整修，讓其煥然一新。她提到自己的房客都很好，也提到她一定會跟每一位房客見見面。她把自己的大樓和房客都照顧得很好，所以房客會向親友推薦，於是這棟大樓的出租公寓總是不缺房客，想住進來的人還得候補。也因為出租率相當高，租金又居高不下，這棟大樓的價值持續看漲。

這種培育關係有部分牽涉到跟本身的投資網絡建立良好關係。這可能包括：商務仲介、股票營業員、房屋仲介、放款單位、投資人、俱樂部會員及組織成員、房客、熟知投資標的未來發展內情的個人、稅務專家和顧問等。建立起更好的關係，就能獲得更有用的資訊，在建立投資組合時，這些可能是無價之寶。

八、女人會互相學習

這就是女性投資俱樂部愈來愈受歡迎的原因。這些俱樂部在世界各地如雨後春筍般地出現，想進入投資界或想多瞭解投資資訊的女性可以善加利用。

女性喜歡彼此分享。如果她們發現某樣好東西，就會跟朋友分享。這或許是女性投資俱樂部的投資績效勝過男性投資俱樂部的原因所在。通常，女性都希望自己的朋友也能成功。

不過，這種喜歡分享的做法也有不利的一面，有時候女性可能聽信沒有經驗的女性所說的話。因為對方是朋友，所以聽從她們的建議。所以，請妳務必確定跟妳談論投資的人是同好，也有類似的投資目標。否則，妳可能是在浪費自己的時間。

舉例來說，好友蜜雪兒跟我說，她想在鳳凰城投資一間出租住宅。我們花了幾天時間，看過許多房子。突然看到一個綠樹如茵可以俯瞰游泳池的度假社區，裡頭有一間獨棟的房子要賣，那是這整個區域裡的最佳地點之一。在拿到租金並支付相關費用和房貸後，每個月應該有二百五十美元進帳。對於第一筆房地產投資來說，算是再理想不過。她跟賣方達成協議後，開始進入考察期，仔細調查這個物件的相關資料。接著，我就到國外出差一個月。

我回國後打電話問蜜雪兒，「妳的第一間出租住宅是什麼時候成交的？」

她沉默了一會兒，接著說，「我後來決定不買了。」

我嚇了一跳，有些沮喪地問，「為什麼沒買？那個物件看起來很適合妳。」她跟我解釋，「妳出差後，我跟我的朋友康德絲討論這個投資物件，她跟我說這筆投資太冒險了。」

「她為什麼說這筆投資太冒險了？」我問。

「她的朋友也買了一間房子做投資，卻找不到房客，最後讓她賠錢。所以她跟我說，如果是她來做決定，就不會買那間房子了。」蜜雪兒說。

我沉默許久，最後不得不問，「妳的朋友康德絲投資過出租住宅嗎？」

「沒有！」蜜雪兒回答。

「那麼，她對那項投資一點都不瞭解，為什麼要聽信她的忠告呢？」我提高音量問她，「那樣做就等於要素食者推薦牛排館。如果妳打算請教別人，就一定要請教那些知道自己在說什麼，也對妳打算做的事有實務經驗的人！」

沒錯，女人確實彼此學習，只是妳要確定妳學習的對象做過或正在做妳打算做的事。

這就是我喜歡女性投資俱樂部的原因所在。這類俱樂部的大多數成員都是對投資有志一同、也有類似目標的女性，她們都想從自己的投資中賺到錢。投資俱樂部大致可分成二種：1.教育性質；2.集資投資。我先前說過，我很支持單純為教育性質的投資俱樂部，讓女性可以一起研究與學習，彼此分享對投資的看法，並且從中互相學習。

至於那些會員集資一起投資的俱樂部，則讓我有一些擔心，因為除非每一位會員都清楚瞭解投資協議，而且投資協議也以書面文件詳列細節，否則會員很可能因為投資糾紛而感到失望不滿。我寧可將教育與實際投資區隔開來。

我們可以做投資……，我們早就在做投資了！

關於如何投資，其實沒有什麼重大祕密可言。對大多數女性來說，投資的關鍵就是將「我做不到」或「我不知道怎麼做」這種心態，轉變成「我不僅可以成為一位投資人」、「我也可以成為一位優秀的投資人！」

我要告訴妳們一個小祕密——當妳開始從事投資……，投資實在很有趣。我從女性投資人口中再三聽到鼓舞人心又讓興奮的意見是，「我不知道自己幹嘛這麼提心吊膽，不過，我真的愛死投資了！」、「早知道投資這麼有趣，我應該早一點開始才對！」、「賺錢真的好好玩！」「我迫不及待要進行下一個交易！」、「我目前學到好多東西喔！」

現在，妳清楚了嗎?女人可以成為相當棒的投資人，我們有投資的天分。現在，有愈來愈多女性加入投資人的行列，事實證明，我們很擅長投資。事實也證明，投資很有趣，賺錢很好玩，學習和成長讓人開心，自信心大增讓人容光煥發。更重要的是，知道生活就掌控在自己手中，那種感覺真好——因為我們有更多的選擇與機會。精明投資就能讓我們獲得那種掌握一切、自由自在的處境。

I'M READY TO START!

第十六章　我準備好要開始了！

「想法是一種能量，妳可以創造藉由妳的想法來創造妳的世界，或是毀滅妳的世界。」

～作家蘇珊．泰勒（Susan Taylor）

我們在夏威夷唸書時的那群姊妹淘中，我唯一還沒有聯絡上的就是瑪莎。我想跟她聯絡一下，看看她現在過得好不好。

「嗨，我是瑪莎。」瑪莎接起電話這樣說。

「瑪莎，我是金，是妳在夏威夷的老友。」

「聽到妳的聲音真好。上次聚會我沒辦法去，實在好可惜，我跟佩特和雷絲莉聊過。手邊事情多了，忙得不可開交。上次妳們在中央公園野餐時，我本來想打電話過去，可是又臨時有事。」她道歉地說。

「沒關係！現在有空聊聊嗎？」我說。

瑪莎猶豫了一下就說，「當然有空，現在不忙。」

「因為我們二個一直沒有聯絡上，我只是想跟妳打聲招呼，看看妳最近過得怎麼樣。我們已經好久沒見了。」我開始說。

電話裡一陣沉默，我接著說，「瑪莎，妳還在聽嗎？」我問。

「有，我在聽，」她語氣堅定地說，「我一直不想跟妳們聯絡，是因為我很不滿意自己現在的處境。老實說，我的人生跟我們在夏威夷時我所想像的人生截然不同。佩特把妳們的近況告訴我，坦白說，我對自己目前的處境感到很難為情，」瑪莎坦承，「以前我很想成為世界級的海洋學家，記得嗎？」

「當然記得！」我說。

「大概在我從事海洋學方面的工作二年時，我爸爸打電話跟我說，我們家的生意需要我幫忙，因為他手下的一員大將離職讓他陷入困境。他跟我說只要幫忙幾個月，等到有人接手那項職務就可以。我對我們家的生意瞭若指掌，只是我沒有興趣做生意。所以，為了盡到做女兒的義務，我辭掉夏威夷的工作，回家幫忙家裡做生意，反正只是幾個月的時間。可是，我不知道究竟發生什麼事，幾個月很快就變成一年，然後變成三年，一直到現在。大約七年前，我爸爸把生意賣掉，卻沒有拿到很多錢。對我爸媽來說，日子過得很安逸，可是我爸爸把生意賣掉不久後就生病了，大筆存款都花在爸爸的醫藥費上。自從爸爸過世後，我現在必須做二份工作才能勉強過活。」

「佩特說妳媽媽生病了。她現在還好嗎？」

「她現在沒事了。不過，我爸過世後，我媽也沒有什麼錢，又因為我是獨生女，所以她搬來跟我一起住。所以，我必須做二份工作養活我們二個人。而且，我媽年紀愈來愈大，健康狀況也跟著不好。雖然我們有保險，可是好像沒辦法應付所有需求。所以，這幾年我的財務狀況一直很糟。」

「讓我最感到訝異的是，起初我很滿意自己的生活。我搬回聖地牙哥後，日子過得好輕鬆。我不必努力賺錢付房租，幫忙家裡做生意又有錢可拿，我有車，住的公寓走二條街就到海邊，隨時都可以衝浪，日子真的很愜意。我想，那就是我繼續留下來幫家裡做生意的原因吧，因為很輕鬆。」

瑪莎繼續說，「可是，我發現這種『安逸生活』有二大問題。首先，我常常想到，要是我繼續從事海洋學方面的工作，會發生什麼事，這件事讓我有些後悔。其次，過慣了安逸的生活反而讓我現在要過苦日子。以往，我總是過一天算一天，想衝浪就衝浪，把賺的錢都花在玩樂和派對上。那些歡樂時光都已經離我遠去，現在的我必須面對未來，而且得要很努力才行。」

「所以，我要道歉，這就是我為什麼不想跟大家聯絡的原因。因為日子不好過，所以我怕我的抱怨會掃了大家的興致。」

「我瞭解妳的感受，我們都是老朋友了，大家不會在意這種事的。」我要她放心。

「謝謝妳！我只是不確定接下來要何去何從。」她說。

瑪莎的語氣聽起來很絕望，所以我趁機跟她說，「妳願意做一些改變，試著讓自己脫離這種困境嗎？」

「當然願意。我也認為自己必須改變，我實在沒辦法繼續過這種生活，根本看不到一絲希望。」她回答。

「如果我寄一本書給妳，妳會看嗎？」我問。

「我當然會看。」

「好，我會把書寄給妳，妳看完那本書後就打電話給我，我們再討論。」我繼續說，「那本書並不是解答，不過如果那本書的內容讓妳感興趣，至少這是一個開始。」

「我會看的，」她語氣堅定地說，「收到書後，我會盡快看的。」

後來我們掛上電話，我寄了一本《富爸爸，窮爸爸》給瑪莎，接著就等她跟我聯絡。

我準備好了！

大概一個月後，我很訝異瑪莎竟然沒有跟我聯絡。我有想過要打電話給她，不過後來我做了這樣的決定，如果她真心想要讓自己的人生有所改變，得自己踏出第一步才行。這件事我沒辦法幫她做。

就在那個時候，我的手機響了，是雷絲莉打來的。她很興奮地說，「好了，我準備好了！」她大聲地說。

「準備好做什麼？」我問。

「為了獲得財務自由，我準備好要學習我該學的、做我該做的事，」雷絲莉把話說清楚，「我已經厭煩勉強度日的生活，我已經受夠了。我準備好要採取行動，而且我不是隨便說說，我是認真的。」

「我聽得出來，」我回答，「是什麼原因，讓妳突然這麼迫切渴望要獲得財務自由？」

「幾個月前，」雷絲莉開始說，「我報名參加在佛蒙特州舉辦的一項維期二天的藝術課程。那是風景畫的課，學員們必須帶著畫具到佛蒙特州美麗的鄉間做畫，那當然是我最喜歡做的事。我把所有事情都安排好，特別挑選秋天上這堂課，可以好好畫畫秋天的楓葉。我滿心期待要參加這次戶外寫生。就在上課的前一天，我工作的畫廊老闆打電話來說，他們有機會幫一位知名畫家辦畫展，我必須負責這件事，明天不可以請假。之前他們從來沒有提到這件事，不過我從老闆的語氣裡可以聽出來，如果我明天不去上班，以後也不用去上班了。」

「後來妳怎麼做？」我問。

雷絲莉繼續說，「我覺得自己好像別無選擇。我必須負責畫展的事。所以，我打電話取消佛蒙特州寫生課。隔天，我就到畫廊上班。現在，我明白只要有緊急狀況，我的計畫就必須改變，但是當時讓我震驚的是，我竟然沒有辦法掌控自己的生活，而這一切全都是因為錢。這時我突然驚覺，不能再走回頭路。現在，該是往前邁進的時候了。」

「我真是替妳感到開心，」我說，「聽妳這麼說，取消寫生課程反倒成為一建好事，讓妳擺脫既有的想法。」

「是啊!是這樣沒錯。」她想了想後這麼說。

「那麼，妳打算怎麼做?」我問。

雷絲莉切入重點，「妳先聽完我的構想，再說妳願不願意。」

「那我可不確定，自己該不該聽聽妳的構想喔?」我開始調侃她。

「別這樣嘛，我的構想是，」她興奮地說，「我們找二天的時間，邀請我們這群夏威夷姊妹淘聚在一起，大家搭機到鳳凰城找妳，妳用二天的時間跟我們分享剛開始投資該怎麼做，以及要怎樣把投資事業做大。妳認為這個構想如何呢?」

這次換我沉默一陣子後才開口說，「聽好，我只是邊做邊學，我當然不是什麼事都懂。而且，我並沒有遵照大多數財經『專家』講的傳統投資策略。不過，我跟一些傑出人士學習，現在我身邊的人都相當聰明，我每天從他們身上學習怎樣投資。」

雷絲莉插嘴說，「我瞭解。我想要學習妳的策略，然後持續不斷地學習。到目前為止，妳說的話都很有道理。而且，現在妳身邊有很多人可以學習，不過當妳開始從事投資時，那些人還沒有出現，我記得當初妳是從零開始投資。我現在的狀況就是這樣，我一無所有……，只有一股強烈渴望想要學習，想要讓事情發生。所以，回想以前，妳做了什麼?妳怎樣踏出第一步?妳說女人可以互相學習，所以我想如果我們可以發揮團隊精神，一定會學到很多東西。而且，我們都很熟，在這種環境下，大家就不會害怕發問，也不會像我參加的某些投資會議，發問者都是那些想炫耀自己有多聰明的人。相信我們如果用這種方法學習的話，就可以教學相長。」

我笑著說，「我記得妳跟我說過，妳不擅長推銷。不過，妳剛講的這些話可是相當具有說服力喔！」

「那麼，妳答應囉？」她激我回答。

「我答應妳，不過，我有二個條件，」我說明。「首先，這二天只開放給真心想要學習的女性。如果她們只是來跟好友敘舊，那麼最好不要來。想要學習、更重要的是想要採取行動，這必須是她們發自內心想做的事，不是妳叫她們加入就加入的。」

「那倒是一項重點。我會邀請大家，看看最後誰出席了，」她同意，「那麼，第二個條件是什麼？」

「第二個條件是，要出席者必須明白，投資沒有神奇的公式可言，也沒有什麼神奇藥丸，保證妳在二天內馬上成為成功的投資人。大家必須瞭解，投資是一個過程，自己必須做好自己的功課，也要努力費心，才能成為精明老練的投資人。我不希望大家抱持著不切實際的期望來參加這次聚會。妳可以確定讓她們明白這一點嗎？」

「沒問題，我們可以訂下日期嗎？」雷絲莉催促我。

我笑著說，「好，我們可以訂下日期，妳還說妳不會推銷。」

我跟雷絲莉提到我跟瑪莎聊過，所以也請她邀請瑪莎一道來。「實在很有趣，」我說，「我才在想瑪莎什麼時候會打電話給我，大概一個月前，我把書寄給她，後來都沒有她的消息。」

RICH WOMAN™

NINETY PERCENT OF SUCCESS IS JUST SHOWING UP!

第十七章　有九成的成功只是炫耀罷了！

「只要嘗試做某件事——只是人到那裡，就只要出現——就會讓我們變得更勇敢。只要實際去做就能讓自尊提升。」

～心理學家喬伊・布朗（Joy Browne）

電影導演伍迪・艾倫（Woody Allen）說過，「有九成的成功只是炫耀罷了！」我相信這句話講出許多事實。許多人說他們想減肥，但是有誰真正出現在健身房？有些人說他們想為社區做更多事，但是有誰出現在市民大會上？我們當中有很多人說想要改善自己的生活，但是真正又做了什麼？

這段話也說明了，我很擔心最後誰會出席我們維期二天的投資聚會。這次聚會由雷絲莉全權負責，她跟我們這群姊妹淘說，如果想參加這次聚會就在週五早上九點到我家碰面。「她們都說想要過來。」她跟我回報情況。

「我們來看看，最後有誰會出現吧！」我跟她說。

週五早上九點

我準備好咖啡，雷絲莉在早上八點半就來了，她帶了水果和各種口味的瑪芬蛋糕。「我可沒有強迫她們要來，」她向我保證，「我只跟大家說，我們會做什麼，也把妳家的地址和交通路線圖寄給她們。而且，我跟她們說，不必回我電話，如果她們認為這件事對自己很重要的話，那就一起出席吧！」

「每個人都跟妳說要來嗎？」我問。

「是啊！每個人都說好，就連瑪莎也是。她們都表示很想參加這次聚會。」

我倒了二杯咖啡，我跟雷絲莉邊喝咖啡邊聊天。快到九點時，門鈴響了。我們興奮地看著對方，心想按門鈴的人是誰，就像坐進雲霄飛車最前座的兩個小孩，知道接下來的情況一定很刺激。我們急忙走到大門把門打開。

「嗨，雷絲莉的交通路線圖做得太棒了！計程車司機一看就知道在哪裡，能來這裡實在好高興！」崔西有一點上氣不接下氣地說。

「崔西，妳能來實在太好了！」我開心地說。

「妳這麼說，好像看到我很意外似的，」她說，「難道妳認為我不會來嗎？我一定會來的，尤其是經歷上星期發生的事。」

我們走進廚房。「發生什麼事了？」我問。

「之前我說過，我先生的公司被賣掉，我很擔心他會被解雇，還記得嗎？」她提醒我們。

我們都點點頭。

「上週五，我們公司做出這項重大宣布，」她開始說，「我們跟另一家公司談合併已經談了一年，不過上次聽說條件沒談攏。所以，執行長召集大家宣布，合併案告吹，公司會被賣給最大的競爭對手！執行長告訴我們，合併後人事會出現變動，不過他會盡全力保住我們的飯碗。可是，聽到這種消息，員工怎麼可能不緊張呢？」

「妳認為可能會發生什麼事？」雷絲莉問。

「我不知道，不過從上星期開始我們公司就死氣沉沉。合併後，公司一定會裁員，這是企業收購必定會發生的事！大家都很擔心工作不保，實在太可怕了。更糟糕的是，因為連管理高層都不知道以後的情況會變成怎樣，也沒有做任何決定。每個人都在靜觀其變，不知道日後自己的生活會受到什麼影響，這種情況實在令人沮喪。所以，我不確定自己打算怎麼做，不過這二天的投資聚會排得剛剛好，我正好需要瞭解這方面的事。這是唯一讓我覺得自己還有一些掌控能力的事。對於工作的事，我根本無法掌控。」

「唉呀！真是一記警鐘，讓人恍然大悟！」雷絲莉說。

「好像有人敲門喔！」崔西問。

我們忙著聊天，沒有聽到敲門聲。

「看看是誰來了？」我笑著說。

我們三個人走到玄關看看誰來了，都在猜那個人會是誰，我把門打開。

「我真不敢相信，我竟然遲到十分鐘！我把一切都算得分秒不差，也從來沒有遲到過。」佩特道歉地說。

「別這樣，佩特。」我說。我們互相擁抱，然後走回廚房。

我們一邊喝咖啡、一邊吃水果和瑪芬蛋糕，已經九點四十五分了，大家都認為應該沒有人會來了。

瑪莎發生什麼事了？

我後來才知道瑪莎發生什麼事了。妳應該還記得，瑪莎是我們這群人當中最想改變自身處境的人。她答應我要看寄給她的書。後來雷絲莉也說，瑪莎自己說她一定會來參加這二天的聚會。結果，她不但沒有看《富爸爸，窮爸爸》那本書，也沒有踏出第一步，做一些事改變現狀。我相信她無意參加這二天的聚會。她希望自己的人生有所改變，卻不願做任何與以往不同的事。她不願意改變，就是這樣。所以，我發現只跟真正有心學習、有心改變的人為伍，這一點有多麼重要。否則，就像我喜歡的諺語所說：「別教豬唱歌。這樣不但浪費時間，還會惹豬生氣。」

有許多人就跟瑪莎一樣，他們說自己想要某樣東西，卻不採取任何行動。真正的問題在於：妳願意不計一切代價，獲得妳想要的東西嗎？我自己就是這樣，而且有很多次都是這樣。以寫這本書為例，我說要寫一本女性投資書籍，講了三年才開始動筆。我只會嘴巴講講，卻什麼事也不做；我經常提到這件事，卻一直沒有動筆寫作，我會找藉口說自己太忙了。最後，有幾位很要好的朋友開始勸我，有一位朋友還這樣說，「妳馬上開始動筆，否則就不要寫了！」另外一位朋友則說，「只會在那邊講講講，書到底在哪裡啊？」

卡洛的故事

卡洛是另一個想要改變卻沒有行動的人。她曾經幫羅勃特跟我處理會計事宜，所以我們變成好友。我們每週見面二次，分析我們的財務狀況。我們會檢查所有數字，卡洛看著我們進行不同的投資和買下不同的出租不動產，每次碰面時她都會問我有關投資的問題，這種情況就持續了二年。

最後，有一次碰面時她說，「有關投資，我有一個問題要問。」我沒有聽她講完就插嘴說，「別再問問題了！妳已經問了二年，妳究竟採取什麼行動了？妳做了什麼投資？」

「沒有。」她回答。

「所以，不要再問問題了，我不會再回答妳投資的相關問題；我不會再跟妳討論投資，除非妳開始從事投資。等到妳從事第一筆投資時，我們再來談吧。」我說。

二週後，我們又再見面時，卡洛拿著一張紙驕傲地走進來，上頭列了她第一次買的股票。她說，「我做投資了，這樣我們可以開始討論了吧。我真的想要開始進場投資出租不動產。我答應妳，在我進行第一筆房地產交易前，不會再問妳任何有關房地產的問題。」

卡洛遵守諾言。就在那個月，她發現一間小房子，她出價了，對方也接受了。不過，她自己沒有什麼錢，所以她跟一位熟識的投資人詢問是否願意一起投資。對方說好，卡洛就繼續進行後續事宜。後來，卡洛陸續買了許多投資，包括：獨棟住宅和公寓、也買了幾棟公寓大樓。現在，她是非常積極的投資人，而且我們經常在一起討論投資事宜。

後來，卡洛向我坦承，她原本以為問問題就是採取行動。直到二年後被我點醒，原來她問問題問了二年，卻什麼事也沒做，這時她才恍然大悟。她藉由再三發問，讓自己以為自己「在做投資」。但是，這其實只是不採取行動的一個藉口。

所以，這個故事是要告訴我們，說是一回事，做是另一回事。而出席就是採取行動。

珍妮絲怎麼了?

我們正走出廚房向書房走去時，我家的電話響了，是珍妮絲打來的。我按下免持聽筒的按鍵，讓大家可以一起跟她講話。

「我只是想讓大家知道，我正在想妳們呢！」她大聲地說，「我知道自己應該在那裡，可是我有一個好消息要跟妳們說！」

「什麼好消息？」雷絲莉問。

「妳們知道我再三表明，認為自己在感情方面不會穩定下來，對吧？現在情況可能有所改變，我遇到一位男士，他叫葛瑞格。我跟他認識不久，進展卻很迅速。我實在無法相信自己竟然這樣說，不過我認為自己愛上他了！」她突然說出這些話。

佩特幾乎要從椅子上摔下來，「妳說什麼？這位唯我獨尊小姐說什麼？談戀愛？我從來沒有想過會從妳嘴巴裡說出這些話。實在太讓人興奮了，趕快跟我們聊聊他的事。妳們認識多久了？」

「三個星期，」她回答，「才剛認識不久，可是我認為我們注定要在一起。我們是在我辦公室附近的咖啡廳認識的。當時，我到咖啡廳排隊要買一杯卡布奇諾，他剛好走進來。我們一直看著對方，最後他走過來跟我聊天。」

「他是什麼來歷？是做什麼工作的？」崔西好奇地問。

珍妮絲繼續說，「我們還沒有講到那方面的事。我認為他在工作上經歷過一些不太順遂的事，所以還不太想談那些事。我知道他幫幾家公司做過事，大多是擔任業務工作。我們認識時，他正在找工作，想著下一步要做什麼。他很聰明，有很多不錯的生意構想，點子層出不窮。他對我的生意很有興趣，還談到幫我一起做生意，這個構想我愈想愈喜歡。什麼事都要我一肩扛下，這種日子我實在過膩了，如果有人幫忙出點子，分攤一些工作，那就太好了。」

「這個週末我沒辦法跟妳們碰面，因為我們正要搭機前往舊金山度假，」珍妮絲解釋，「這是他的主意，他已經訂好飯店，也在訂到一家必須要在三個前預訂的義大利餐館。他把一切都安排好了。」

崔西忍不住問，「妳說他現在正在找工作，那究竟是什麼意思啊？」

珍妮絲解釋，「目前為止，我只知道葛瑞格上次的事業投資受挫。他開了一家顧問公司，一年後就跟合夥人失和。二個月前，他離開那家公司，所以現在正在想接下來要做什麼。我自己也開公司，我知道有時候情況很難熬，他們公司營運一年根本沒賺什麼錢，一切才剛開始起步。要是他知道我跟妳們說這些事，他會很難為情的，不過他目前沒有什麼錢，手頭有點緊。我們都經歷過挫折，我不介意在錢財上先幫他一點忙，先度過難關。」

雷絲莉天真地問，「那麼，妳們這個週末的舊金山之旅是誰付錢的？」

「我付錢，」她坦承，「我不介意在他工作穩定前先資助他。況且，他真的很聰明，所以我認為目前這個時機或許再好不過。我問自己，葛瑞格要是可以來幫我一起做生意，這個機會就再好不過。每件事情似乎都安排得很好。」

「我知道這樣說聽起來很瘋狂，」她說，「我知道事情進展得很快。可是，我們真的談論到葛瑞格搬來跟我一起住！我從來沒有想過，自己會跟人家同居。我是不是瘋了？」

「妳真的瘋了！」我們對著電話一起大叫。

「我知道，我知道，我既興奮又緊張！」珍妮絲急忙說。「沒時間聊了，我要去機場了。

祝妳們這幾天玩得開心！再聊囉！」

我掛上電話，然後我們四個人互相看著對方，大家都嚇得說不出話來。

崔西先開口說，「我有沒有聽錯啊？珍妮絲說她跟這傢伙才認識三個禮拜，而且這個人又沒有收入？他們倆人的開銷全都由珍妮絲支付？他還可能搬去跟珍妮絲一起住？從珍妮絲的話聽起來，她對那傢伙的背景根本不瞭解，可是她竟然要找那傢伙一起做生意？妳們告訴我，是不是我聽錯了？」

「我聽到的也是這樣！」雷絲莉確認崔西說的話。

「珍妮絲究竟在想什麼啊？她太盲目了吧！」崔西無法置信地問。

「愛情是盲目的，這就是一個好例子。」我說。

「我想時間會證明一切！」佩特說。

「我認為那個男的根本就是想占珍妮絲的便宜。」崔西說。

我們都有一點懷疑。

「而且最糟的是，她竟然為了這種男人，不來參加我們的聚會！」崔西激動地說，「看到女人這樣做時，實在讓我很生氣。真的太笨了，不是嗎？」

佩特低聲說，「可能他長得很帥吧。」

「搞不好是一位年輕帥哥。」雷絲莉補充說。

「或許他是一位年輕又繼承一大筆遺產的帥哥啊！」我接著說。

我們一邊笑著，一邊想像珍妮絲跟年輕多金的帥哥在一起的景象。不過，我們表面上嘻嘻哈哈，私底下都很擔心她究竟怎麼了。

LET THE PROCESS BEGIN!

第十八章　讓整個流程開始吧！

「如果你願意當一位初學者，那麼你在生活中隨時都可以學習新事物。如果你真的學會開心地當一位初學者，你就會大開眼界，世界也會從此不同。」

～暢銷書作家芭芭拉·薛爾（Barbara Sher）

我們四個人穿過後門，走進後面的小屋，羅特跟我把這間小屋重新裝修成居家辦公室。接下來這二天，大家就在這裡討論。我們在木製會議桌旁坐下，桌上已經擺好一疊紙和幾隻筆。

「看起來好正式喔，」雷絲莉說，「我們要從哪裡開始呢？」

妳的真正理由

「我們就從妳們每一個人為什麼在這裡，為什麼決定要不計一切代價獲得財務自由開始談起。」我說。

「當我走進門時，妳們都聽到我說什麼了啊！」崔西開始說，「我的公司可能被賣掉，這是發生在我身上再好不過的事，因為這件事讓我恍然大悟，原來到目前為止，我在許多方面都無法掌控自己的生活，尤其是在工作和金錢方面更是如此。我聽到公司宣布要被賣掉的消息時，才明白我正等著從未謀面的上司來決定我的未來。而我不過是列在名單上的一個名字，隨時有可能被刪掉，然後就成為失業一族。所以，我的真正理由是，再也不想讓自己陷入那種處境。這是我的人生，從現在起，我要決定自己的未來，而且第一個決定就是，把錢掌控好。現在，我明白每個星期為薪水努力工作，其實我根本是被錢控制住，而沒有掌控錢。」

雷絲莉接著說，「有一次我打電話給金時，跟她說我的理由，其實就只是想畫畫。當我站在畫板前，手上拿著畫筆時，我的心情雀躍，既開心又有自信，而且活力十足。因為我花太多時間在工作上，所以我愈來愈沒有時間做我熱愛的事。那就是我想獲得財務自由的真正理由。」

接著，我們都看著佩特，我很好奇佩特會說些什麼，因為坦白說，今天她能來實在讓我大感意外。

佩特平靜地說，「自從上次在紐約的聚餐後，我就開始思考自己的人生。那次聚會讓我明白，自己把大多數的時間用來配合別人的夢想和目標，卻沒有花時間追求自己的夢想和目標。我支持先生和小孩讓他們無後顧之憂，卻把自己的人生完全拋諸腦後。在紐約跟妳們聚餐後，我決定要以自己的人生為重，所以開始問自己想要什麼。而且，答案讓我大感震驚。」

「先前我們談到投資，那些事引起我的興趣，妳們也知道，我喜歡探究事實，所以我就去調查一下。我上網開始瞭解投資界，卻也因此著迷。我瀏覽投資網站，瞭解股票、股票選擇權、房地產、投資私人企業、貴重金屬等諸如此類的事。我花好幾個小時在電腦上吸收資訊，而且還樂此不疲。不過，這些事我都私下做，因為沒有人可以跟我分享，我先生不贊成我做投資，這是我要面臨的一大難題。之前我跟妳們說過，我們家的重要財務決定都由我先生負責，我擔心如果跟他說我要做投資，他一定不會把說我的話當作一回事，況且我也不想因為錢的事跟他起爭執。」

佩特繼續說，「所以，我決定我只要把實情跟他說。我跟他表明，我覺得自己一直在支持別人，但現在我想要替自己做一點事。這麼久以來，這是我頭一次想要有所改變，想要以自己的事為優先。我跟他說我很猶豫，不知道該不該跟他討論我們的財務狀況，因為錢是他的本行。我跟他解釋，我一直上網學習，認為這件事不只是一項嗜好，而是我要花全部時間投入的事業。我說，自己目前已經學到很多，也希望他能支持我這樣做。然後，我摒息以待，等他做出回應。」

「他同意妳這樣做嗎？」我問。

「事情要是那麼簡單就好，」佩特回答，「他並沒有完全同意我這樣做。不過，我相信最後他會支持我的。這一點我很有信心，所以我決定，即使目前他不支持我這樣做，還是要繼續努力做下去。我先生是那種眼見為憑的人，只要我做出一些成績給他看，相信他一定會加入我的行列。現在，他也對工作感到厭倦，不過他認為要賺錢就只好忍耐。我不認為他在那裡做事很開心，不過那是他的老本行。他做那個工作做得愈久，似乎就愈不喜歡那個工作。我想讓他知道其實有另一個選擇，而且我認為這是更好的選擇。所以，我這樣做雖然是為自己著想，其實也是為他著想。我相信長遠來看，這樣做會讓我們的婚姻更穩固，這會是再好不過的禮物。」

「真是太好了，恭喜妳！」雷絲莉表示讚許。

「這三個理由聽起來都很有說服力。」崔西承認。

「確實如此，」我同意，「而且這些理由必須有說服力才行，當事情進行不如預期、當妳開始懷疑自己、當別人質疑妳在做什麼時，妳就必須倚靠這些理由撐過來。畢竟，放棄總是很容易的。妳們想要追求財務自由的真正理由都很有說服力。真是好極了！」

妳們的財務現況為何？

「在妳們可以開始朝自己想要的方向發展前，必須知道自己現在在哪裡？」我說，「妳們可以想像一下，不知道要去哪裡就坐上計程車的情況。這樣不但哪裡也去不了，只是浪費時間兜圈子。」

「所以，妳們接下來要做的是，認清自己目前的財務狀況。妳目前的財務狀況為何？而且，要搞清楚這件事很簡單。」我讓她們安心。

「上次我跟珍妮絲見面時，就討論過這件事。首先，妳們要先知道自己多有錢。」我說。

「好的，先等一下。我已經開始沮喪了，」雷絲莉難過地說，「我不會用有錢這個字眼來形容自己。」

我笑著說，「我對有錢的定義是：如果妳今天起不再工作，妳的錢夠妳生活幾天？換句話說，妳有錢花用多少天、多少個月和多少年？」

我們進行上回我跟珍妮絲一起計算每位女人有多有錢的同樣過程（詳見第十一章）。以下是她們一起進行的步驟。

一、佩特、崔西和雷絲莉各自列出每個月的生活費用。

二、接著，她們把自己的存款、定存和可以出售或變現的股票，以及從投資取得的現金流，通通加總起來。

三、接下來，計算一下：所得（步驟二）除以每月生活費（步驟一）等於妳的財富。

這時，大家開始發出怨言。

「我不懂這個數字有什麼意義，可是我認為我的數字看起來不太妙。」雷絲莉難過地說。

「我的數字是『七．二』，」崔西說，「那是什麼意思啊？」

「這表示，如果妳今天起不再工作，那麼妳有錢生活七．二個月。過了七．二個月後，妳就必須想辦法賺錢。」

「七．二個月，時間根本不久啊，只不過是休一段長假！」崔西大叫說。

「如果我是妳，我可不會抱怨，」雷絲莉反駁說，「我的數字是〇．六。換句話說，我的錢還撐不了一個月！我認為我被當掉了。」

我笑著說，「這個答案沒有對錯之分。妳的答案就只是答案。這項練習的目的只是要讓妳知道自己的財務現況。就是這樣。現在，妳們都清楚了。」

佩特突然說，「因為我並不清楚我們的存款和投資究竟有多少錢，這一點當然也透露出，原來我這麼不瞭解我們家的財務現況，所以我只能大概估計一下，我們家的錢大概能讓我們不工作生活十個月。因為我一直認為我老公會繼續工作，所以這項練習真的讓我恍然大悟。如果哪一天他不工作了，怎麼辦？那麼，在我找出其他收入來源，比方說：找一份全職工作分攤家用，在此之前我們的錢只能撐十個月。況且，對我這位離開職場十七年的新聞記者來說，要有收入維持我們目前的生活方式，根本是不可能的事。」

妳的計畫——妳的目標和做法

「現在，妳們都知道自己的財務現況，」我說，「下一個步驟是，決定目標。首先，妳們要回答二個問題。」

「哪二個問題？」佩特問。

第一個問題

「**第一個問題是：妳是為了資本利得而投資，或是為了現金流而投資？**」我開始說，「我們之前討論過這一點，記得嗎？進行投資時，通常就是為了現金流或資本利得而投資。如果妳投資股票，那麼妳的主要考量就是資本利得。妳希望股價上漲，這樣就可以在高價賣出獲利。如果妳買一間房子，將房子整修好，馬上賣掉，那麼就是為了資本利得而投資。一般說來，如果妳買一間房子，持有房子並租出去，妳就為了現金流而投資。如果妳持有股票並取得股利，妳就是為了現金流而投資。」

「對我來說，我最喜歡的字眼就是現金流。不必工作就有現金流入，那麼我就自由了。我只想買或創造每個月能為我產生現金流正值的資產，那就是我的投資公式。」

崔西做了一項很好的觀察，「我知道了，如果我後半輩子不想工作，至少不想做我現在的工作。而且，我知道如果我買進並持有讓我每個月有錢進帳的投資標的，我繼續那樣做，然後就可以累積更多的現金流。最後，我就不必再工作了，因為只要我持有，每個月就有現金流持續流入。」

「相反地，如果我是為了資本利得而投資，那麼必須賣掉投資繼續標的才能獲利。所以，我必須繼續買賣，才能增加收入。最重要的是，最後我只能獲得有限的錢財供我過活。我必須累積許多錢，才夠我活到離開人世的那一天。所以，這兩種策略真的很不一樣。」

「正是如此，」我回答，「而且，請大家瞭解，我並不是說哪一項策略比較好。我是用現金流這項公式。我在一九八九年開始為了現金流而投資，到一九九四年時，羅勃特跟我就獲得財務自由，因為我們的投資為我們產生超過每月生活費的現金流。我並不是說我們累積的大筆財富，而是我們自由了，可以做自己真正想做的事。」

「我還有一件事要跟大家說。以房地產為主要投資標的，為什麼？因為我喜歡房地產。我喜歡看房子，喜歡分析不同的物件，喜歡看看房子該怎樣整修，該怎樣善加利用。而且，我喜歡現金流。所以妳們必須找出自己喜歡的投資工具，否則可能無法利用妳選擇的投資工具來獲得成功。」

「我有一位女性朋友，我花了一年時間鼓勵她投資房地產，但她從來沒有採取行動。後來有一天，她參加一場如何買賣股票選擇權的座談，從此就對股票選擇權很著迷。現在，她在那個領域做得很成功，也因為熱愛那項投資工具，所以後來她相當精通股票選擇權。因此，重要的是，選擇最適合妳的投資，選擇妳熱愛的投資。」

第二個問題

我重新說明這二個問題，「所以，妳必須回答的第一個問題是，妳要為現金流或為資本利得而投資？**第二個問題是：妳的目標為何？**」

「我的目標是我想獲得百分之百的自由！」雷絲莉大聲說，「我很清楚，我不需要大房子或高級房車，我只想畫畫。我痛恨為錢操心，也痛恨別人告訴我什麼時候要上班。我希望自己不用再為錢操心，可以安心度日，如果我不想工作就可以不必工作。我已經決定追求現金流投資，因為我希望有足夠的現金流支付未來的生活費。我知道自己每個月需要五千二百美元的生活費；換句話說，我每個月需要五千二百美元的現金流，那就是我的目標。」

「說得很清楚，」佩特說，「我來這裡時還沒有打定什麼目標，我知道這些話聽起來很不像我的作風。我的想法就是開始投資，然後慢慢增加投資規模。可是現在做完這項練習後，將我先生的薪資和存款加總後，我們的錢在不工作的情況下大概只夠撐一年。我必須重新思考這件事。誰知道未來會怎麼樣？以目前的情況來看，我當然沒有未雨綢繆。是的，我必須更認真檢視這件事。」

如何達成目標

「現在，我們都已經知道自己的目標了，可是又該如何達成目標呢？」雷絲莉急著問。

「這就是妳要做的功課，」我回答，「現在，妳要開始擬定達成目標的計畫。妳要如何達成目標？妳可以運用許多投資工具，所以必須先找出妳有興趣的投資工具。妳不喜歡的事還要去研究它，這種事真是再痛苦不過。那就像高中時被迫要唸一些沒有用的科目一樣無趣，我實在搞不懂讀那些東西對日常生活有什麼用。」

「我想就是因為這個原因，所以我的生物被當了，」崔西坦承，「解剖青蛙這種事，我根本不在行。」

佩特插嘴說，「對了，妳們可別笑我。我本來就喜歡研究，這幾個月我對投資做了一些研究，其實我還列出一些我可以運用的不同投資。我透過電子郵件把這份清單寄給金，她還幫我在清單上增加更多投資。我幫每個人印了一份。」

雷絲莉說，「怎麼會笑妳呢！佩特，這實在太棒了，太感謝妳了！」

我把佩特的投資清單列出如下。（目前還有許多投資可供妳選擇，這份清單只是先讓妳有一些概念。）

投資類型	
房地產	・獨棟住宅 ・多單位住宅（包括雙拼公寓和公寓大樓） ・辦公大樓 ・購物中心／零售中心 ・倉庫 ・自助儲物室 ・土地
紙資產	・股票 ・股票選擇權 ・債券 ・共同基金 ・短期公債和中期公債 ・避險基金 ・私募基金

企業	・私人企業（妳可能主動參與企業營運或只是被動當投資人） ・加盟 ・傳銷（妳為自己打造事業並透過妳的下線取得被動收入）
商品	・貴重金屬 ・石油 ・油品 ・小麥 ・砂糖 ・豬肉 ・玉米 ・其他 ・商品
外匯 稅賦留置權狀 發明 智慧財產權 水權和航空權	

（註：妳可以從本書附錄所列出的理財辭彙找到這些投資的定義。）

「佩特指出投資的三大類別：房地產、紙資產和企業，」我說明，「妳們從這份清單中，當然還可以想出更多投資類別。甚至可以投資前景看好的體壇新秀。許多運動員沒有資金進入大聯盟，所以投資人可以資助運動員接受訓練、巡迴參賽和比賽。如果這名運動員成為職業運動員，投資人就可以從運動員贏得的獎金中，取得一定比例作為投資報酬。」

「這樣聽起來，好像什麼東西都可以投資似的，」崔西說，「所以，一旦妳瞭解自己想要的投資類型，那麼投資計畫究竟長什麼樣子？妳要怎麼知道『自己怎樣達成目標』？」

「問得好，因為人們聽到『擬定計畫』這個字眼，通常會想得很複雜。」我向大家解釋「如何達成目標」意味的是決定下列事項：

1. 我的主要投資工具為何？妳可以選擇一項以上的投資類型，不過我從經驗得知，如果把大多數的時間和精力專注在一種投資上，投資績效最好。

2. 在我選擇的投資類別中，要以哪種產品為投資標的？舉例來說，如果妳選擇投資股票，要以哪種股票作為投資標的？妳打算成為哪一個領域的專家？對我來說，如果我選擇科技股作為投資標的，我就會虧大錢，因為我本身對科技業沒有興趣，也對科技一無所知。如果我選擇投資股票，可能會留意房地產相關的個股。如果妳選擇投資房地產，妳還要挑選妳的投資標的是獨棟住宅、公寓大樓、辦公大樓、購物中心等諸如此類的產品。尤其是在妳剛開始投資時，妳要挑選妳可以成為專家的投資標的。一旦妳精通某種投資標的後，妳可以挑選接下來妳想研究的投資標的。

3.我達成目標的時間表為何？而且，在達成主要目標前，完成那些較小目標的時間表為何？「其實這些事情都包含在『妳如何達成目標』這項計畫中，」我說，「如果妳想的話，也可以把計畫列得更複雜些；不過，我要提醒妳，別花太多時間把計畫弄得太冗長、太詳細，這反而會讓妳遲遲無法展開行動。」

「當妳開始投資時，妳的計畫為何？」雷絲莉問。

我笑著說，「羅勃特跟我為了獲得財務自由，擬定了一份涵蓋面廣又周詳的計畫。我們的計畫是這樣：連續十年，每年買下二件出租不動產。那就是我們的計畫。我們以獨棟住宅為投資標的。十年後，我們應該有二十間出租物件，現金流足以支付我們的生活費，而且還綽綽有餘。那就是我們的計畫。」

「妳們成功了嗎？」崔西問。

「我們成功了，」我說，「不過，時間跟我們原本預期的時間表有出入。」

她們三個人看起來有一點失望。

我繼續說，「我買了第一間二房一衛的小房子，把房子租出去後，我們接著又買了第二間、第三間房子。在這個過程中，我們發現買獨棟住宅不如買有很多單位的大樓。與其花個十年買二十間房子，我們在十八個月內，就買了二十個單位。當我們知道自己的財務現狀和想達成的目標時，我們專心一志，所以整個計畫比我們預期更快達成。」

我們這群姊妹淘的這場投資聚會，第一天剩下的時間就開始研究、討論、寫計畫、打電話、上網查資料，每個人都忙著把自己的投資計畫備妥。

傍晚時，雷絲莉、佩特和崔西都已經寫好自己的投資目標，也擬好投資計畫。她們每個人都為自己當天的成果感到滿意。雷絲莉看著牆上的時鐘笑著說，「我真不敢相信！快要七點了。我們太專心了，連午餐都忘了吃！」

「那就來一場姊妹淘的晚餐聚會，如何？」佩特問。

THREE TYPES OF MEN/THREE TYPES OF INVESTMENTS

第十九章　男人有三種／投資也有三種

「只要最後照我的意思做，我就很有耐心。」

～前英國首相柴契爾夫人（Margaret Thatcher）

我們到餐廳開始享用晚餐時，才發現經過一天的討論，大家都累了。我們竟然開始聊起男人，後來這個話題竟然出現意外的轉折。

這個話題是由我起頭的，「有一次，我的女性友人雪莉跟我聊起男人，那場對話很有趣。男人會對眼前經過的女性品頭論足，甚至用十分級距來幫女人打分數。雪莉跟我也如法砲製，我們從街上挑出男人，然後猜測他們是屬於哪一種類型。」

「妳可知道，」雪莉說，「其實世上只有三種男人。」

「三種？一定不只三種吧。」我回答。

「我先跟妳說明有哪三種，妳再跟我說是不是還有其他類型。」她挑釁地說。

「沒問題！」我說。

雪莉跟我解釋，「在這個世界上只有三種男人，分別是：壞男人、好男人和懦夫。」

「我在聽。」我說。

「壞男人就是妳爸爸不希望妳跟他約會的那種人。」她笑著說。壞男人迷人風趣，女人根本無法拒絕他們。他們就是挑戰，也讓人捉摸不定，妳總是必須好好看緊他們才行。他們一點也不無趣，懂得撩撥妳的興趣，而妳也絕對不會忘記他們。而且，如果他們傷了妳的心，也不令人意外。在愛恨關係中，大概都有壞男人參與其中。

「第二種類型是好男人，這種人我們都認識一些。他們是妳的朋友，大家都喜歡跟他們做伴，妳可以跟他們聊天，和他們在一起很自在。如果妳有問題，他們會聽妳倒垃圾。妳很少跟好男人吵架，因為他們在情況失控前，會先把問題說出來。他們很可靠，通常不會讓妳太傷腦筋。他們的行為很容易預測，妳跟這種人初次約會時，對方絕對不會吻妳，因為他們很有禮貌、也很尊重對方。」

「那麼懦夫呢？」我問。

「懦夫就是那種妳想要把他們抓起來打一打的那種傢伙，」她說，「他們無聊至極！生活一點樂趣也沒有。跟這種人約會通常看完電影後就沒有下文。可別期望他們會突然約妳在屋頂享用燭光晚餐，欣賞夜空中的星星。懦夫不會給妳驚喜，他們也不會成就什麼大事，因為他們總是不想破壞現狀，也不想冒險。他們喜歡安穩，對他們來說，每件事都太冒險了。總之，他們只是存在罷了。」

促我。

「這就是世上三種男人的清楚描述，」我說，「妳認為在地球上的男人就分成這三種？」

「妳自己想想看，隨便想一個男生，看看他是不是落入這三個類別的其中一種呢？」她催促我。

「是啊！」我坦承。

「哪一種？」她問。

「壞男人！」我說。

「看吧，」她笑了，「現在，想想看妳認識的男人，我相信他們不是壞男人、就是好男人，不然就是懦夫。」

「我在三分鐘內想到許多男人。沒錯！他們都屬於這三種類別的其中一種。」

「妳贏了，」我最後這麼說，「沒有必要再分成第四種或第五種。妳已經把他們分得很細了。我的朋友們聽到這種說法一定很開心。」

壞男人、好男人和懦夫

佩特、雷絲莉和崔西都笑了。我知道她們正在腦子裡打轉，思考她們認識的男人是屬於哪一種類型。

「我唸大學時的男友一定是壞男人！」雷絲莉說，「有趣的是，我最後嫁給了好男人，或許就是這個原因，所以我們的婚姻關係並沒有維持下去。可能我真正想要的是壞男人。」

崔西笑著說，「壞男人在初次約會後會送花給妳，讓妳興奮不已。可是，如果懦夫送花給妳，妳就會很擔心他是不是對這段關係太過於認真？」

「好男人帶妳去兜風，卻不會對妳毛手毛腳。而壞男人卻只想跟妳發生親密關係！」佩特邊說邊笑。

雷絲莉補充說，「參加高中舞會時，我因為找不到舞伴，最後只好跟一位懦夫一起出席，因為他一定有空。他人很好，不過當時受歡迎的女生好像都跟壞男人在一起。後來我發現，我跟壞男人在一起時，反而變得更受歡迎。」

「這好像跟心態有關，」佩特說，「就拿電視影集《快樂時光》（Happy Days）的男主角Fonz來說，人長的不高又不帥，可是他一定是壞男人。」

「我真搞不懂，為什麼女人總喜歡壞男人？」我說，「我的另一位女性友總是跟好男人約會，卻都沒有結果，卻對五年前交往的壞男人念念不忘。」

「壞男人有一點危險。他們有一種神祕感，讓女人無法抗拒吧！」崔西說，「他們喜歡冒險，所以很有發展潛力。我先生是好男人，結婚時我就知道未來的生活就是那種郊區雙薪家庭的典型。回首過往，再想到我的事業生涯和家庭，這就是我想要的，一種穩定又確信的感受。」

雷絲莉接著說，「對我來說，跟壞男人在一起會很開心，也會很傷心。跟壞男人交往有一種不確定感，卻又好像有無限的可能。」

「所以，妳們會把誰歸類為壞男人？」佩特問我們。

我開始說，「滾石合唱團的主唱米克・傑格（Mick Jagger）是壞男人。」「網壇名將約翰・馬克安諾（John McEnroe）、痞子歌手阿姆（Eminem）、男星查理辛（Charlie Sheen）都是壞男人。」崔西補充說。

「電影人物藍波（Rambo）也是。」

「那麼好男人呢？」我問。

「如果電視影集《快樂時光》中的 Fonz 是壞男人，Richie Cunningham 就是好男人，」雷絲莉說，「他一定是好男人。那麼，卡通《摩登原始人》（The Flintstones）裡面的主角班尼（Barney Rubble）呢？」

我們笑成一團。

佩特笑著說，「至於懦夫呢，電視影集《凡夫俗妻妙寶貝》（Married With Children）的老爹艾爾・邦迪（AL Bundy）就是很好的例子，電視動畫《辛普森家庭》（The Simpsons）中的荷馬・辛普森（Homer Simpson）也是。」

三種投資

我們當然可以整個晚上都在聊世界上的男人是哪一種。不過，我試著把我們談話引導到另一個方向。

我說，「就像男人有三種，我相信妳們也可以把投資分成三種──壞男人、好男人和懦夫。就像我們可以把自己認識的男人都分成這三種，投資也一樣可以。」

「我不太瞭解妳說的話。」雷絲莉回答。

「如果每項投資都可以分類成壞男人、好男人或懦夫，那麼什麼是壞男人投資、好男人投資或懦夫投資？」我問。

「我懂妳的意思，」佩特回答，「舉例來說，壞男人投資就比較有挑戰性。」

「正是如此，」我說，「壞男人很有挑戰性，但是妳必須密切留意、隨時觀察，而且不可以走開，因為等妳回來時，他們可能走掉了。妳必須非常關切他們，他們往往難以捉摸。對付壞男人要多花一點心思，但是如果妳知道如何應付他們，當然也可以獲得最多的回報。」

「好男人絕對不會傷害妳太深！」崔西說。

「是的，好男人不像壞男人那樣需要關注，可是妳不能永遠不理他們。他們需要跟妳溝通，知道妳在乎他們。他們比壞男人更寬大，卻不像壞男人那樣提供絕佳的報酬，即使有風險存在，也不會讓妳受到太多傷害。」我說。

「那麼懦夫呢？」我問。

雷絲莉開始說，「妳可以永遠置他們於不顧，而他們也不會有太大的改變。妳不必關心他們，其實他們也不指望妳的關心，所以他們是懦夫。懦夫幾乎跟風險無關，不過他們能提供的報酬也少得可憐。」

「太好了！」雷絲莉說，「投資就像男人！更棒的是，投資不會為了更年輕的『投資』而拋棄妳。」

「投資不會在背後講妳的壞話！」崔西開玩笑地說。

「而且，妳不必擔心投資在半夜去了哪裡！」佩特開玩笑地說。

我們開懷大笑，沒有注意到餐廳裡好多客人在看著我們。

為投資做分類

崔西要大家小聲一點，並問，「那麼，投資怎麼分類？哪些投資是壞男人，哪些是好男人，哪些是懦夫？」

我拿出一張紙，在紙上寫下這三個類別：

壞男人

好男人

懦夫

「我們就拿一些投資當例子，看看它們屬於哪一個類別，」我建議，「股票怎麼樣？」

「如果我投資某支股票並長期持有，那麼我認為這種投資是好男人，」佩特回應我，「因為我會定期觀察它，看看它表現得怎樣，也會稍微關心那家公司的情況。」

「如果妳做的是股票當日沖銷呢？」我問，「當天買進就賣出股票呢？妳可能只持有股票幾個小時，然後就出清所有持股。」

崔西回答，「我猜那種投資算是壞男人，因為必須整天注意它。」

「說得好，」我稱讚崔西，「我就把『長期持有股票』列在好男人這個類別，把『股票當沖交易』列在壞男人這個類別。那麼，股票選擇權呢？」

佩特插嘴說，「其實，我對股票選擇權做了一些研究，因為它們引起我的興趣。我認為股票選擇權可以分成二種。如果妳投資在六個月內到期的股票選擇權，也就是妳有六個月的時間決定自己賺不賺錢，所以這種投資屬於好男人。妳會偶而查看它，卻不會太投入。相反地，如果妳當日進出股票選擇權，這種投資就屬於壞男人，因為妳必須分分秒秒緊盯股價。我必須承認，那些壞男人讓我有一點緊張。」

「所以，依據妳投資的房地產類別，也可以分為不同的類別。」崔西說。

「說得對。如果我只是借錢給朋友支付頭期款買房子，那麼我只是拿到一張借據，說明她會付我多少利息，每個月就拿利息，最後等她把錢還清，所以我說這種投資屬於好男人類別。如果我的朋友沒有把房子管理好，就可能無法還錢給我，這時候這項投資就有一些風險。不過，如果她是一位精明投資人，知道自己在做什麼，那麼承擔的風險就比較小，所以我就不必太操心。」

「如果她不再還錢給妳，那麼妳的好男人就變成壞男人！」雷絲莉笑著說，「妳就要面臨挑戰，而且必須關切此事。」

「那麼，有五十間公寓又破舊不堪的大樓，有二十位壞房客，又有二十間公寓租不出去，這種投資是屬於哪種類別呢？」我問。

「壞男人！」她們異口同聲地說。

「為什麼？」我問。

「如果這棟大樓破舊不堪又有很多空房租不出去，就需要投入相當多的關注和心力，才能獲得投資報酬，」佩特說，「我知道了，我鄰居的婚姻生活這麼起伏不定，就是因為她嫁給壞男人！」

雷絲莉繼續說，「一旦妳讓這棟大樓營運順暢，壞男人就會變成好男人。妳還是必須密切關注它，但是不用像之前那樣費心。」

「說得好！」我說。雷絲莉的判斷讓我刮目相看。

崔西笑著說，「我個人有投資『懦夫』的經驗。我花錢投資，希望有好事發生。結果什麼事也沒有發生，只不過我付了很多手續費。」

「我認同妳的說法，」我回答。「401(K)退休金計畫就是這樣。妳繼續把錢投入其中，經過一段時日卻什麼事也沒發生。」

佩特打岔說，「如果市場崩盤，許多人的401（K）退休金計畫蒙受龐大虧損，這時候懦夫就變成了窮困潦倒的輸家。」

「我認為買土地這種投資屬於好男人，」崔西接著說，「妳買了土地，土地就在那裡。妳不需要投入太多心思，只是要偶而注意附近一帶的發展，好比說其他開發案。如果妳選擇在這塊土地上興建零售中心或辦公區，妳就必須花時間、投入心力，還要多加學習，這時候原本屬於好男人的投資就變成壞男人這個類別。」

「那麼，還有哪些投資屬於懦夫這個類別？」佩特問。

「妳覺得呢？」我反問她們。

「存款帳戶算投資嗎？」佩特問，「因為存款帳戶什麼事也沒做，就只是把錢放進去而已。再者，存款帳戶沒有風險，所以報酬也很低，尤其現在利率根本趨近於零。」

「這個舉例太好了！」我回答。

「定存也屬於懦夫這個類別。我前夫的弟弟就是這樣，坐著什麼事也不做，根本沒賺什麼錢，大家也都不對他寄予厚望。」雷絲莉開玩笑地說。

「那麼，投資黃金和白銀呢？」崔西問。

「如果我買進黃金和白銀，我會認為這類投資屬於好男人類別，」我回答，「我會觀察價格波動，不過我知道就算我沒有多加留意，它還是在那裡，不會像壞男人那樣就不見了。」

佩特推論說，「如果妳不知道自己在做什麼，就可能被壞男人這類投資弄得損失慘重。也是因為這樣，所以我們在這裡花二天時間學習怎麼做才不會受傷害。」

「說得好。而且，妳們要知道，有的時候還是會受傷，這種事是無法保證的。」我跟她們解釋，「不過，當妳們繼續學習、瞭解更多時，所經歷的傷害就不會是致命的。」

「還有一點，」雷絲莉說，「那麼投資事業又算哪一類別？」

「妳是投資別人的事業或是投資自己經營的事業呢？」我仔細探究。

「比方說，我打算收購一家現有事業，成為這家事業的合夥人，所以我可能會參與營運。」雷絲莉解釋。

「我以前沒有想過那種投資方式，」崔西說，「我認為妳可以利用幾種方式投資事業。事實上，我弟弟就拿一些錢投資他朋友的新創事業。他只有出錢，沒有參與營運。只是出一點小錢，希望這筆錢能幫他賺錢。我認為那種投資算是好男人投資。只不過，必須確定公司不管由誰經營，那個人都必須知道自己在做什麼。」

「如果他們沒有經驗又不知道自己在做什麼，那麼這種投資就是賭博。」我補充說。

「而且，如果我打算創辦一個事業……。」雷絲莉開始說。

「創辦事業是屬於壞男人的這類投資，」崔西說，「因為要花許多時間、精力和關注。創辦事業一定是屬於壞男人類別的首選！」

主動投資人和被動投資人的對照

「這倒是牽扯出另一個重點，」我開始說，「**投資人可分為二種，一種是積極型投資人，一種是被動型投資人**。如果妳想要透過個人投資獲得財務自由，那麼妳必須成為積極型的投資人。如果妳只是把錢放在那裡，變成被動投資的話，妳不可能有什麼收穫的。如果妳想獲得財務獨立，妳就需要更多投資。」

「妳如何判斷一項投資是屬於積極型或被動型？」佩特問。

我解釋，「當妳把自己的錢交給別人幫妳投資，而且妳跟那項投資沒有互動或無法掌控那項投資時，那就是被動投資。妳把錢交出去後就走掉。相反地，身為積極型投資人就會親自參與那項投資。」

「所以，買進與管理一件出租不動產，就是積極型投資。」崔西補充說。

「說得對！」我同意。

「這樣說來，所有壞男人型投資一定都是積極型投資，」雷絲莉說，「這樣說有道理，因為我認識的所有壞男人都很積極呢！」

「而且，許多好男人型投資也屬於積極型投資，不過參與程度較少。」崔西說。

「懦夫型投資就是百分之百的被動型投資。」佩特說。

「就像我前夫的弟弟。」雷絲莉說。

「共同基金跟401(K)退休金計畫一樣都屬於被動型的投資，大家一股腦地把錢放進去後，就什麼事也不做。」

崔西補充說，「在我看來，許多股票投資人其實都是被動型投資人。我認識的人買賣股票都是交給營業員處理，聽從他們的建議買賣股票。這種投資人並沒有積極參與，她可能會查詢股價，卻不會研究或密切追蹤個股動向。」

「我同意妳的看法，」我回答，「如果妳只是聽信營業員的小道消息買賣股票，那麼妳就屬於被動型投資人。」

「幾年前，我們買了壽險保單，保險員跟我們推薦那是一項投資。那當然是一項被動型投資，因為我們只是付錢，其他什麼事也沒有做。我根本不知道那張保單的詳細內容是什麼。」崔西坦承。

佩特總結說，「所以，如果我買進一項投資，然後就將它束諸高閣，再也不注意了。直到有一天我把它賣掉，這種投資就被界定為被動型投資。當我的股票營業員打電話給我先生，建議他拿錢去買某支股票時，而我們對那些股票又毫無所悉，這時我們就成為被動型投資人。或者，如果我打算拿錢投資某人的新創事業，然後就放手不管，這也是一項被動型投資。」

「我都聽懂了。」雷絲莉說。

她繼續補充，「房地產投資是積極型投資的一個好例子。如果我買了一間房子，把房子裝修好、租出去，那麼這就是一項積極型投資。如果我擁有一間零售購物中心，把賣場租給店家，這也是一項積極型投資。」

「可是，如果妳購買不動產投資信託（real estate investment trust, REIT）這種類似房地產共同基金的股份，買完之後就把這件事拋諸腦後，直到有一天才賣出持股，那麼這就算是被動型投資。」我說。

佩特問，「如果我買賣股票，不是進行當沖交易，我研究個股與產業並追蹤以往的資料，盡可能瞭解我所投資的個股，那麼我算被動型或積極型？」

崔西插嘴說，「我認為這就積極型一詞有關。如果妳積極參與，以這種情況來說，妳做了研究也多加學習，那麼我認為妳是積極型投資人。相較之下，懶得學習、只要別人幫他們交易的人就是被動型投資人。」

「說得好，」我回答，「我不建議妳們投資不瞭解的東西。這就是為什麼，為了讓妳的錢幫妳努力賺錢，妳必須成為一位積極型投資人的原因。」

「現在，我對於先前提出的投資事業問題，有更清楚的瞭解，」雷絲莉開始說，「我可以擁有並經營事業，這樣做相當積極。我也可以出錢投資別人的事業，參與某種程度的事業營運，這樣做也是積極型投資，只是不像先前的做法那樣積極。這樣做可能是在公司內外扮演一個實際角色，或是密切留意公司和產業的動態。第三種做法是，我可以拿錢投資某家公司，然後就袖手旁觀，這種投資就是被動型投資。」

「妳把自己問的問題回答得很好！」我說。

總而言之

「我瞭解的是，」崔西概括地說，「男人有三種，投資也有三種——壞男人、好男人和懦夫。每種投資都可以歸類到這三種類別的其中一種。妳可以從事相當被動型的投資，進行投資後就完全不參與；妳也可以從事高度積極型的投資，讓你必須費心關注。而且，讓我印象最深刻的重點是，其實積極型或被動型投資，說穿了是跟投資的人有關！」

「摘要得真好，」我稱讚崔西，「再補充一點，我並沒有說哪一種投資比較好，哪一種投資比較不好。為了成為成功的投資人，重要的是，瞭解每一種投資的利弊得失。問問自己：『我擁有的每一項投資之風險與報酬為何？』別指望靠共同基金支付妳退休生活的所有資金需求。那樣做一點也不可靠。就好像投資房地產就無法袖手旁觀一樣，不可以買了房子卻什麼事也不做。瞭解各種投資類型，選擇適合自己投資計畫的投資類型。而且要牢記於心，如果妳的目標是要達到財務獨立，那麼成為投資人還不夠，妳必須是一位積極型的投資人才行。」

RICH WOMAN™

HE FIRST FOUR KEYS TO BEING A SUCCESSFUL INVESTOR

第二十章　成為成功投資人首先必備的四大關鍵

「如果你教導男人，你只是教導一個人；如果你教導女人，你就是教導一家人。」

~印度宗教領袖露比・曼尼康（Ruby Manikan）

隔天早上，我們一邊走進會議室時，還拿男人有三種這件事開玩笑。

大家都入座後，我開始說，「在妳們繼續擬定個人投資計畫前，我要跟大家分享我這麼多年來學到的一些投資關鍵。這些投資關鍵大都是我從實際經驗中學到的，也就是從犯了許多錯中學到的教訓。」

「如果我能以妳為鑑，避免自己犯錯，將會獲得更多。那我可要專心聽呢！」雷絲莉說，「我相信那些錯誤一定讓妳損失慘重。」

「是啊，」我回答，「那些錯誤不但讓我賠錢，也讓我錯失良機、浪費時間。」

「快告訴我們吧！」佩特催促我。

關鍵一

我開始說，「其實妳們已經知道關鍵一。**從事任何投資的首要步驟就是：讓自己接受一些教育，以做好準備。**」

「一切就跟教育有關。妳懂得更多，就做得更好。在妳開始投資前，務必要做一些功課。妳有很多絕佳資源可用。從事投資前具備的一些知識，可能是賺錢與否的重要關鍵。」

「在還沒有學會踩水前，妳不會直接跳進游泳池的深水區，這樣做只會讓自己溺水。所以，開始從事某項投資前，如果妳對那項投資一點也不瞭解，就很可能會溺水。」

「我們支持傳銷業的原因之一是，真正卓越的企業會教育自己的傳銷商。這類公司會好好教育傳銷商，讓他們學習各種所需技能，包括：推銷、理財、個人發展等。卓越企業不僅要找業務人員，也會支持業務人員在生活各領域上獲得成功。」

「富爸爸公司是一間理財教育公司，我們並不銷售投資或推薦投資。我們只是提供教育，然後讓客戶找出適合自己的投資。」

「我們在出版富爸爸系列叢書時，確實推出一項產品，我相信對於認真看待投資的人來說，那是一項必需品。那項產品就是現金流 101 紙板遊戲。」

「羅勃特跟我在一九九四年退休時，常有人問我們：『你們是怎麼做到的？怎麼有辦法在三十七歲（羅勃特四十七歲）就退休？』主要的點在於，我們夫妻的一項共同愛好就是，我們都喜歡玩遊戲。」

「大多數的人從小就玩紙板遊戲、捉迷藏、捉人遊戲、當然還有扮家家酒。我記得十二歲時，有一個週末上午，我騎著腳踏車在街上兜風，覺得自己好自由、好開心。當時，我正要騎車去球場玩足球，我從小就喜歡運動，到現在，我還是喜歡各種競賽。」

「一九九五年時，羅勃特想出設計紙板遊戲這個構想，他想藉由這個遊戲說明我們達成財務自由、這整個按步就班的過程。教育必須好玩才行（就像賺錢和投資很好玩一樣）。所以，我們設計現金流101紙板遊戲，讓人們可以一邊學習投資，一邊樂在其中。這個紙板遊戲就是現實生活的寫照，讓大家知道身為投資人的羅勃特跟我是如何思考、如何採取行動。現在，我們透過讀者來函見證得知，這些來函分享個人投資成功的讀者當中，約有八五到九〇％的比例表明他們定期玩現金流遊戲。這項遊戲讓人採取行動。」

「接下來，妳們看到的圖表是學習金字塔（The Cone of Learning）。這是美國教育學家艾德格．戴爾（Edgar Dale）於一九六九年進行一項調查的結果。這項調查是想找出個人透過哪一種方式學習最好。令人震驚的是，學習金字塔底部列出人們學習效率最差的方式，是哪些方式呢？閱讀和聽講——也就是我們學校體制教導的二個主要方式。（不過，我真的很感謝，你閱讀這本書！）那麼，最有效的學習方式是什麼呢？現實生活的體驗和模擬。人們藉由實作獲得最佳學習成效。這就是為什麼，我們設計一個紙板遊戲，以模擬真實的方式，教導『投資』這項主題。」

學習金字塔

兩週後我們大概記得什麼	事件	涉及的本質
對我們說過和做過的事 記得 90%	實作	積極的
	模擬實際經驗 或遊戲	
	做一場完美的 簡報	
對我們說過的事 記得 70%	做非正式演講	
	參與討論	
對我們聽過和看過的事 記得 50%	當場看到事情 完成	消極的
	觀賞展覽 參觀展覽 看現場表演	
	看電影	
對我們看過的事 記得 30%	看圖片	
對我們聽過的事 記得 20%	聽講	
對我們讀過的事 記得 10%	閱讀	

資料來源：引用美國教育學家艾德格・戴爾（Edgar Dale）於 1969 年撰寫的《視聽教學法》（Audio-Visual Methods in Teaching）三版，已獲得湯姆森學習公司（Thomson Learning）華茲沃斯事業部（Wadsworth）的許可在此引述。

「所以，我推薦妳們將現金流 101 紙板遊戲列入投資教育之中。妳可以跟朋友一起玩，或是到我們的網站找出自家附近的現金流俱樂部（CASHFLOW Club），加入俱樂部跟會員一起玩這個遊戲。現金流俱樂部是一個具教育性的俱樂部，會員聚在一起玩現金流遊戲，並且參與其他投資教育活動。」

「我們今天晚上就來玩玩這個遊戲！」崔西建議。

「太好了，這個遊戲剛好為我們這二天的聚會劃下完美的句點。」雷絲莉附和。

「除了現金流紙板遊戲和其他富爸爸產品，還有許多資源可供使用，比方說：書籍、光碟、DVD 影片、研討會、報章雜誌、網站和投資組織等，實在多到不勝枚舉。妳只要篩選資源，找出妳要的資訊。」

「不過，實際經驗當然是最好的老師，所以別以為在採取行動前，妳必須花好幾年時間研究。妳只要先讓自己有一些知識做後盾，就可以開始進場投資。」

關鍵二

「第二項關鍵可以讓妳減輕對投資的許多不安，那就是：從小額投資做起。」

「不管妳選擇從事什麼投資，都要從小額做起，並且做好犯錯的心理準備。我會跟擔心犯錯而害怕投資的女性說：『妳不必擔心犯錯，因為我可以保證，妳會犯錯。如果妳知道自己會犯錯，那就沒有什麼好怕的。』」

「我第一次投資房地產，當時買了一間小房子，就犯下第一個錯誤，也讓我畢生難忘。就在我買下那間房子的六個月後，我的房客結束租約搬走。當時我心想『太好了，機不可失。我可以把每個月的租金調高二十五美元！』由於我原本每個月從這項投資獲得的現金流有五十美元，若租金調高二十五美元，就等於讓現金流增加五〇％，我為自己的這項構想沾沾自喜。」

「我犯的錯誤是，沒有仔細調查附近一帶的行情。如果我做好功課，就會發現我要求的租金其實很高。結果，那間房子空了三個月才找到房客。所以，為了多賺七十五美元，我卻損失一千五百美元，這是一個很好的教訓。」

「所以，妳先用小錢做投資，犯一些錯誤，從錯誤中學習並打好基礎。如果妳投資股票，別把錢全部拿去買某支股票，先用一小部分的錢買幾張就好。如果妳投資房地產，剛開始時先買一棟有四個單位的房子，不要貿貿然地購買一棟擁有一百五十間公寓的大樓。不要期望第一筆投資就賺大錢。投資是一個過程，讓妳一邊做，一邊學。妳要實際去做去學，而且繼續做、繼續學，因為投資跟買彩券可不一樣。」

「幾年前，有一位朋友推薦我看一本介紹稅賦留置權狀的書，這是為了無法支付房屋稅的屋主所設計。當妳購買稅務留置權狀，幫屋主繳交房屋稅，如果屋主後來還是付不出房屋稅，房子就歸妳所有。如果對方確實支付房屋稅，州政府對屋主遲繳房屋稅課徵的罰鍰和房屋稅就都歸妳。」

「所以，我幫羅勃特跟自己各買了一本《The 16% Solution》，我們先對稅賦留置權狀有一些瞭解，然後到州政府購買這些權狀，接著就依照那本書上所說的步驟去做。我們大概花了五百美元購買稅賦留置權狀。我們先用這筆小錢，實際學習如何投資稅賦留置權狀。」

「我經常發現，人們在選擇最佳投資（意即有最佳報酬的投資）時，就會不知所措。因為沒有人知道什麼是最佳投資，所以讓人遲遲無法採取行動。妳可能永遠都在尋找最佳投資。藉由從小額投資做起，妳就可以進行一些投資，取得一些實務經驗，再決定哪些投資的績效是最好的。」

關鍵三

「正如同羅勃特跟我購買稅賦留置權狀的情況一樣，**第三項關鍵是：花一點小錢當學費**。」

「這一點是投資成功關鍵的所在，原因有三。」

「第一個原因顯而易見。除非妳真的花錢投資，否則根本就還是門外觀望。在此之前，一切都只是理論罷了。為了成為投資人，妳必須加入這場競賽中。我把投資稱為競賽，因為有時候妳會贏，有時候會輸。**投資人的定義就是：有錢投資某樣東西的個人、公司或組織。如果妳沒有出錢，妳就不是投資人**。」

「第二個原因是，花一點小錢就等於風險比較小。投資金額愈大，代表風險就高。每當我從事一項新投資，就會考慮自己對於那項新投資有多少瞭解、有多少經驗。我會先做好心理準備，知道自己可能犯錯，可能蒙受金錢損失。我可以先花一點小錢當學費，一樣可以獲得實際的經驗。」

「第三個原因比較重要。妳有沒有注意到，講到錢時，興趣就來了？最近，我的鄰居買了一輛全新的凌志敞篷車。她在買車前，對車子一點興趣也沒有，但當她決定買一輛新車時，突然就變成這個地區的專家。因為她在做出最後決定前，確實做了許多研究，這實在讓人驚訝。不過，她做到了，因為現在她開始關心起自己的錢。」

「我朋友的十歲兒子就是另一個例子。有一天，他不小心聽到爸爸談起購買銀金屬的事，並問爸爸有關銀金屬的事及購買的原因。」

「有一天下午，那位朋友的先生打電話跟我說：『我兒子小班想跟妳講話。』」

「小班在電話裡跟我說：『金，我拿零用錢買了十枚銀幣！每枚銀幣售價七．六〇美元，所以我花了七十六美元！妳認為我應該把銀幣放在家裡或放在銀行保險箱？我覺得帶在身上也很好，可是我老爸說應該把銀幣放在安全的地方。我有十枚銀幣了！』」

「小班每天都注意銀價，他跟老師談論這件事。老師要小班跟全班同學發表一次演說，談談他的投資。當天的銀價為每盎司八．五〇美元。其實，他還請其他同學計算一下，他從買下銀幣後賺了多少錢！現在，他對銀金屬很有興趣，也開始瞭解其他貴重金屬。重點是，他今年才十歲！」

「附帶一提：小班的成績不算太好。如同學習金字塔所示，他從實作得到最佳學習成效。

根據研究顯示，約有二〇%的學生可以從學校體制採用的方法學習。有八成的學生無法透過這種方式產生學習動機。小班透過自己對銀金屬的興趣，現在他的閱讀能力變得更好，因為他上網查詢並閱讀更多跟銀金屬有關的資訊，他的數學能力也大幅提升，因為他把算術應用到現實生活之中。」

「這個故事帶給我們的啟示是，如果妳想瞭解某項新投資，就應該先花一點小錢從事這項投資，用一點小錢當學費，取得實際經驗。」

關鍵四

「俗話說得好：『別人家的草地總是比較綠。』人們總是不斷地尋找熱門的新市場。不管是剛發現的拉斯維加斯公寓市場，或是下一波科技股狂熱，或是最新的業內消息，還是『大家都一窩蜂搶進』的時髦商機。」

「**第四個關鍵是：就近投資，並投資自己懂的東西**。」

「不管妳是投資新手或經驗老到的投資人，我建議妳就近投資。這是什麼意思？這表示妳要投資自己懂的東西，絕對不要輕信小道消息，跟著別人一窩蜂投資。」

「對大多數人來說，科技股泡沫化就是對投資不懂的實例。雖然當時的股價已經大幅偏離基本面，但是每個人卻還是砸錢購買科技股。以往沒有買過股票的人也通通進場，把科技股當成救世主。我們都知道科技股泡沫化時，很多人都因此賠大錢。」

「前麥哲倫共同基金（Fidelity Magellan Fund）經理人暨暢銷書作家彼得．林奇（Peter Lynch）對股票做出最佳詮釋：每次妳在商店裡購物、在餐廳吃東西或買一副新的太陽眼鏡，妳就獲得寶貴資訊。藉由四處看看，妳就瞭解什麼東西暢銷，什麼東西不暢銷。藉由看看親朋好友，妳就知道他們買哪些品牌的電腦，喝什麼牌子的汽水，看什麼電影，知道哪個運動品牌現在夯不夯。這些都是可以指引妳選對股票的重要線索。」

「妳會嚇一跳，竟然有那麼多人無法追蹤這些線索。有幾百萬人在產業工作，卻從來沒有充分利用自己隨手可得的一手資訊。醫生知道哪些藥商生產的藥品最好，但是他們卻沒有買製藥類股。銀行家知道哪些銀行的體質最好，開銷最低，放款業務做得最好，而他們未必會買銀行股。商店經理和購物中心業者有辦法取得每個月的銷售數字，他們很清楚哪些零售業者的商品賣得最好。不過，又有多少購物中心經理藉由投資特製品零售業類股，讓自己致富呢？」

「這些機會不但就在他們身邊，也就在他們眼前。」

「有一次，我到新加坡出差，有一位女士問我：『我住在新加坡，但是我聽說佛羅里達州奧蘭多的房地產市場看漲。您認為我應該買那裡的房地產嗎？』」

「首先，我不瞭解奧蘭多的房地產市場是否看漲。其次，就算那裡的房地產市場看漲也不重要。她以前根本沒有投資過房地產。我問她：『妳去過奧蘭多嗎？或者，妳最近打算去那裡看看嗎？』」

「沒有，」她回答，「我想，我會透過網路購買那裡的房地產。」

「我通常不會給予明確建議，不過我認為這次情況緊急。我跟她說：『千萬不要透過網路購買房地產。如果妳是房地產投資新手，千萬別在妳沒有去過又不熟悉的城鎮購買房地產。最好買住家附近一帶的房地產。而且，最重要的是，先去上上課瞭解一下房地產投資事宜。』我認為在投資過程中犯錯是好事，但是因為愚昧而鑄下大錯，那就沒有必要。這位女士就是讓自己陷入鑄下大錯、虧大錢的處境。」

投資自己懂的東西之三項原因

「談到房地產，我喜歡找附近一帶、自己比較懂的地區，此乃是基於幾項原因。」

「第一個原因是：妳希望瞭解自己投資地區的脈動，妳想知道租金行情看漲或走跌，這個地區有公司行號紛紛進駐或移出，房價行情如何，整體房價趨勢是看漲或走跌？這些只是投資房地產需要特別考慮的一些因素。因為妳很瞭解這一帶的房價，一旦知道有房子要出售，馬上就可以判斷這間房子是不是妳想要投資的物件。」

「第二個原因是：如果妳買的物件出了問題，妳不必搭飛機、租車、解決問題、再開車回機場搭機回家。這樣做不但浪費時間也浪費錢。」

「第三個原因是：如果我抱持著其他城市的房地產交易總是比較好這種心態，就會花所有時間追蹤幾百件遍及世界各地、有可能投資的物件。但是，我寧可選擇就近投資，專注在一些關鍵地區，結果反而發現許多很棒的交易，著實讓我嚇了一跳。」

我犯下的最大投資錯誤

「我為什麼很堅持這一點?那是因為我自己沒有依照這些忠告，因此犯下到目前為止最大的投資錯誤。」

「羅勃特跟我在邁阿密時，剛好看到一項絕佳投資。那是一間出租給知名健身中心的商用大樓，面積約為四萬五千平方呎。我們講好價錢，開始解決細節問題。」

「因為我以前沒有買過這類房地產，加上對佛羅里達州不熟，所以我請一位房地產律師瞭解這項交易的合約。我碰到的第一個問題是，我的律師是在亞歷桑那州執業，根本不瞭解佛羅里達州的法令差異。第二個問題是，賣方的律師好像也沒有什麼經驗，跟我的律師接洽後，雙方互相看不對眼。所以，原本是要協商一筆房地產交易，後來竟然演變成二名律師打爛仗，我的交易就成為犧牲品。最重要的是，這項交易似乎比我以往進行的專案更錯綜複雜，而且投資物件又在我不熟的城市，所以我讓律師代表我進行協商。結果才發現，這樣做大錯特錯。律師的角色是提出實際問題和可能發生的問題，然後由我決定後續想要如何進行。」

「我就長話短說，這件事拖了五個月。事情為什麼會這麼複雜，主要原因是我對想投資地區完全不瞭解。所以，花了五個月的時間還在處理初步協議，根本還沒有進入考察期。」

「當時，我跟羅勃特搭機到邁阿密親自跟賣方見面。幾分鐘內，原本僵持不下的問題就解決了，然後我們搭機回家。隔天，賣方就把協議寄來，可是賣方的律師卻更動我們跟賣方協議過的事項。我們聯絡不到賣方，因為他正在國外出差。」

「這件事拖了幾個月後，有一天晚上十點左右，負責這個物件的房屋仲介打電話跟我說：『賣方不賣了，交易取消。』後來，我發現還有其他問題存在。不過，當時我覺得很沮喪。我所付出的時間、精力和律師費全都白費了。我打電話給賣方，他證實這項交易取消了。」

「當天半夜，我既震驚又生氣。不過，我不是生賣方或律師的氣，而是氣自己。這項交易之所以如此複雜，就是因為我對那個地區一無所知，而且我對那種房地產也不瞭解。不過，我心裡很清楚，事情會弄得一團糟就只有一個原因，那就是——我不相信自己。我不認為自己懂得夠多，我害怕自己把事情搞砸了。我讓恐懼掌控我，甚至讓恐懼扼殺了這項交易。回想起來，這只不過是我必須學習一些事中的其中一樣罷了。對我來說，這可是一大教訓。」

「就在凌晨一點左右，我嚴厲地指責自己。當時我滿腦子想的就是：『花了那麼多時間和精力，真的很不甘心。現在，我一定要找到另一項交易來取代這項交易！』」

「我走進書房，看到電腦旁邊有一疊房仲寄來的報價單（**pro forma**，意指銷售物件的相關資訊，包括：預估收入、費用和融資條件）。當初，我因為忙於邁阿密那個投資物件，根本沒空管這些，現在，我馬上開始仔細審閱這一大疊資料。」

「就在凌晨二點時，我挑出幾個月前房仲拿給我的一個投資物件。我愈檢視這個物件，就愈喜歡它。『不知道這個物件賣掉沒，』我心想。」

「一早，我就打電話給這位我熟識又信任的房仲：『克瑞奇，你記得幾個月前跟我談到你辦公室對面那個物件嗎？賣出去了嗎？』」

「其實，那個物件根本沒有公開，只提供給幾位主力買家，我幫妳打電話問一下。」他說。

「大約三十分鐘後，他來電跟我說：『房仲說如果妳有興趣，他們願意賣。』」

「他們開價多少？」我問。

「對方提出的條件是照原價才賣。」克瑞奇說。

「你覺得這個物件值多少錢？」我問。

「有原價的價值。」他說。

「那我買了。」我跟他說。

「諷刺的是，這個物件跟邁阿密那個物件幾乎一模一樣。可是，因為我對這個地區相當瞭解，現在我也更清楚這類房地產，所以我們在四十五天內就完成整個交易。另外，我在這個過程中，還認識業界最優秀的房地產律師之一，讓我對律師重拾信心。」

「現在，以現金流、價值和地點來說，這項物件是我投資的最佳物件之一。所以，從知識和現金流的觀點來看，雖然我鑄下大錯，但是我從中學習，最後讓危機成為轉機，締造出屬於我的資產。」

「妳們想知道這當中最諷刺的事情為何嗎？這項物件就在我家附近，過二條街就到了。」

「所以我說，我喜歡就近投資。」

第二十一章　成為成功投資人後續必備的五大關鍵

THE NEXT FIVE KEYS TO BEING A SUCCESSFUL INVESTOR

「我一直認為獨立自主是生命的一大恩賜，是各項美德的基礎。」

～十八世紀英國女權主義先鋒瑪莉・伍斯頓克雷夫特（Mary Wollstonecraft）

「那可是妳發現的一大啟示——學習相信自己。」崔西說。

佩特指出，「我認為那是女人的一大問題，尤其是講到錢和投資時愈是這樣，因為大多數女性對這些事並不在行。所以，妳從那項教訓中得到的最大影響是什麼？」

我回答，「我認為最大的影響是，對投資的恐懼就在那天晚上消失殆盡。投資就是投資，那些情緒、態度和憂慮都消失了。我領悟到猶豫和擔心跟投資本身無關，而是跟自己有關。現在，我終於可以把自己跟投資區分開來，當我考慮一項投資時，即便無法每次都這樣，但通常都可以客觀分析那項投資，不會因為個人情緒而無法分清事實。」

「這些指導方針實在太受用了，讓我解開好多困惑，」崔西說，「妳這麼多年的投資經驗中，還學到哪些寶貴教訓？」

「我想，還有五項重點很實用。」我回答。

「快點繼續講。」崔西催促我。

關鍵五

「前四項關鍵逐漸把話題導入第五項關鍵，也就是：**讓自己做好要贏的準備**。」

「我們都喜歡成功，喜歡贏。如同美式足球聯盟綠灣包裝人隊（Green Bay Packers）教練文斯・隆巴迪（Vince Lombardi）所說：『告訴我，有誰輸得起，真的有這種人存在，我就認輸。』我們參與投資這個競賽就是為了要贏。」

「如果妳是投資新手，一開始就體驗到一些成功的滋味，那可是相當重要的事。藉由遵照關鍵一到關鍵四——讓自己接受一些教育以做好準備、從小額投資做起、花一點小錢當學費、就近投資並投資自己懂的東西——我相信不管妳做任何投資，成功的機會就會大幅提高。」

「讓第一項投資就成功。為什麼這一點如此重要？原因有三：「首先，好的開始就是成功的一半，一開始就成功，可以讓身為投資人的妳建立信心。當妳投資失敗，尤其是第一次投資就失敗，妳就會開始懷疑，接著以下這些想法就會開始在妳的腦子裡打轉：『或許我真的不是這塊料』、『我可不想賠更多錢』、『我倒底在騙誰，投資這種事我根本做不來！』不過，當妳第一次投資就成功時，妳就更容易進行第二項投資，也會覺得投資很好玩。」

「不過，我常看到的情況是，人們決定跳過小交易，直接玩大的。他們應該先買小公寓，結果卻買了有一百間公寓的大樓。他們沒有經驗又不知道該怎樣管理這麼大的物件，所以很快就犯了許多錯。由於他們不懂得管理大樓，無法快速回應房客的需求，所以房客紛紛遷出。在縮減支出的情況下，使得整棟大樓給人的第一印象變差了，有興趣租屋的房客也愈來愈少，空屋愈來愈多。在不知不覺中，這些不願意從基礎做起的人開始賠錢，最後他們會說：『你看，我早就知道。投資房地產根本不會賺錢！』」

「以同一支股票為例，A以每股五美元價格，買進二百股股票選擇權，總投資金額為一千美元；B第一次投資就以每股三〇美元，買進二百股，總投資金額為六千美元。相較之下，A就比B聰明得多。」

「自信是伴隨投資成功而來的一項絕佳結果，也是達成個人財務獨立的一項關鍵要素。妳從初期投資成功獲得愈多自信，就更願意相信自己的投資判斷。而且，妳更相信自己，就更不會害怕。所以，投資初期就獲得成功，能讓妳更有自信，成功也將不可限量。」

「讓第一項投資就成功的第二項原因是：或許妳身邊有人堅持投資很冒險。他們會迫不及待地告訴妳某某夫妻投資股市或房地產，結果把老本都賠光了。他們會把那些相關報導寄給妳，這些人總是自以為是地說：『我早就跟妳說過！』我相信這種人妳一定認識一、二位。他們等著看妳把第一筆投資搞砸掉，這樣他們就可以打電話『安慰』妳：『親愛的，我早就跟妳說投資很冒險，可是妳必須自己試試看才知道。』妳已經讓他們樂壞了！所以，千萬別讓他們得逞，妳要讓自己的人生變得更美好。證明給他們看，他們錯了！成功就是最好的報復。」

「讓第一項投資就成功的第三項原因是：妳想賺錢。那就是妳從事投資的目的。我保證只要妳看到妳的付出獲得回報，一切就會變得很有趣。記住，投資是一場競賽，有時候妳會贏，有時候妳會輸。不過，競賽本來就是為了有趣，賺錢當然有趣極了！」

危險的投資人

「我在關鍵二時提過風險，人們常認為投資很冒險。這種想法與事實不符，我的投資就牽涉到極少的風險。而且我發現，常常『把投資很冒險』掛在嘴邊的人，不是完全不投資，就是不瞭解個人投資的那些人。」

「又好比，我在新加坡遇到的那位女性，她想透過網路購買佛羅里達州的房地產──這樣做真的太冒險了。其實，這樣做不但冒險，還愚蠢至極。她對房地產投資一無所悉，對佛羅里達州的房地產市場也不瞭解，也沒有物業管理的經驗，外加上她人遠在千里之外。這樣做只是讓自己賠錢。如果她真的在佛羅里達州買下一個物件也虧錢了，她就會加入反對投資的行列並說：『我知道投資房地產很冒險。』」

「事實上，投資並不冒險。是她這個人很危險，她對投資房地產既沒有知識，也缺乏經驗。她想走捷徑，想要迅速容易的答案，卻不想花時間和精力成為一位成功的投資人。所以我說她這個人很危險，投資並不危險。」

「妳買過熱門股嗎？一直以來，大家都這麼做，我自己也是。當有人跟妳說，有某支個股的內幕消息，還說股價會飆漲，接著說：『股價會創新高！妳最好趕快買。』所以，在對這家公司或產品毫無所悉的情況下，妳就進場買進這支股票。那樣做實在很冒險。」

「我有一位朋友自認為想出了世上最棒的投資策略。每天早上，她做的第一件事就是打開電視，觀看她最喜愛的財經節目。不管節目中那些名嘴討論哪些股票，她就一早敲單買進那些股票。她的想法是，如果電視新聞記者吹捧哪支個股，大家就會一窩蜂買進，股價就會上揚。當天股市收盤前，她就會把股票賣掉。起初，她利用這種策略賺了錢。不過，那是在多頭市場的時候，股市看漲才有的情況。當時，她不必費心密切注意。不過，等到市場由多頭轉為空頭，她還是固執地認為自己的策略可以繼續奏效。『我知道我可以把虧的錢賺回來，』她說服自己。到最後，她終於出場了，她賠了將近一萬美元。她的策略根本沒有以任何事實或基本面做依據，就只是聽聽電視上那些名嘴和老師的說詞——這個例子再次證明，沒有知識，也沒有經驗是很危險的。」

「如果妳打算做任何投資，首先妳要瞭解它，並從小額做起，花一點小錢當學費，而且要就近投資自己懂的東西。讓自己做好要贏的準備，尤其是要讓妳的第一筆投資就賺錢，讓自己從中建立信心。在投資過程中，妳當然會犯錯，不過當妳犯下錯愈多，也就學到愈多。而妳學到愈多東西，風險就愈小，成功的機率也愈高。從一開始就要讓自己做好準備要贏。」

關鍵六

「這個關鍵對女人來說特別適用：**慎選交友圈**。」

「妳的交友『圈』是由妳身邊的人所組成。在妳的生活中，可能有幾個交友圈，包括：家人、工作上或生意上往來的朋友，或是女性朋友。如果妳有某項嗜好或從事某項運動，那麼妳可能在這方面有互相往來的同好。」

「講到投資，妳也有自己的投資圈。這些人參與妳的投資，支持妳達成投資目標，他們是妳的良師益友和女性團體。」

「首先要提到的重點是：慎選朋友。幾年前，我的友人珍恩給我一些相當貼心的忠告。當時，我跟她分享我們想在富爸爸公司達成的一項目標，那是一項相當大膽的目標。我跟她說，我想跟朋友說說這項遠大願景，好讓我在腦海裡加深印象，最後讓願景能以成真。我認為跟愈多人分享我的目標，就愈有可能實現這項目標。」

「珍恩對我提出忠告說：『跟別人分享妳的目標是好事，只是要小心對象是誰。並不是每一個人都支持妳得到妳想要的東西。』」

「什麼？我無法相信此事。我很樂觀，所以我對人對事都往好處想。我通常會替別人設身處地著想。現在，她竟然要我小心，要我提防自己跟誰提及這些目標。」

「不久後，我就從自己的經驗中瞭解到珍恩在說些什麼，我發現她的話很有道理。」

「當時，我在紐約參加一個除夕派對，我跟四個人提到新年新計畫。後來，有一位朋友加入我們的談話，開心地講起她的新年新計畫。她說：『我可沒有跟別人講，不過今年我生了一場病還住院三天，那是因為我總是不關心自己的健康。所以，我的新年新希望是減重十五公斤。我已經找到一位私人健身教練，安排好每週運動三次。我知道我做得到！』」

「我們五個人都稱讚她訂定這項目標，也鼓勵她要努力實現目標。她走開時，我們這群人中有一位女性小聲跟我說：『她絕對做不到。她以前就試過要減肥，結果還不是失敗。我不認為她那麼有毅力。』」

「珍恩說，跟別人分享妳的目標時要慎選對象，她就是這個意思。我不懂為什麼那位女性要對她的『朋友』，做出這麼負面的評論。或許出於嫉妒、氣憤、競爭心理或是某種因素，顯然她並沒有百分之百地支持自己的朋友。而且，當妳努力要達成某項目標時，妳最不需要別人澆冷水或講一些話來妨礙妳。況且，我們的腦子裡本來就有各種不理性的念頭阻礙自己了，誰會需要朋友火上加油？」

「有時候，妳的成功，甚至只是讓妳更加成功的新構想，可能會威脅到某人或讓某人覺得自己一點也不成功。有些人在生活上沒有什麼進展，他們可能討厭那些在生活上有進展或想這樣做的人。所以，這些人為了讓自己心裡好過些，就會反駁那些想努力向上的人。人們可不喜歡想起自己的缺點。」

「我的朋友瑪格莉特在電視圈工作很久，她有一項很棒的發現。她說：『連續劇之所以那麼叫座是因為人們喜歡看別人過得比自己糟。那麼，他們就可以跟自己說：看吧！我的人生並不差。看到別人過得比自己悲慘，會讓他們覺得自己的人生雖然沒有很成功，但是也還過得去，所以心裡會好過些。』」

「其實，當妳成功時，就可以分辨出誰是真心替妳高興，誰是虛情假意地恭喜妳。」

「我承認我這個人競爭心很強，我喜歡贏，而且有時候也會嫉妒別人。那是因為別人的成功提醒我必須在生活上做一些改善，可是實際上我沒有那樣做。我認為嫉妒是人的天性。現在，當我有嫉妒別人的想法時，我會刻意做出決定，與其討厭別人，我寧可盡全力利用嫉妒，激發自己並鞭策自己做得更好。」

「所以，祕訣就在於，讓自己置身在真心支持妳，並且鼓勵妳達成目標的那些人當中。幾年前，我做出一個決定，我只跟自己真正喜歡的人做朋友、做生意。人生太短暫了。」

「所以，當妳進入投資這個領域，要小心自己跟什麼人在一起。妳要跟志同道合且有類似目標的人分享、討論——那些人會鼓勵妳奮發向上，不會扯妳後腿。妳要找出想要學習和成長的人，找出支持妳達成夢想的人。這樣的話，或許妳會發現自己找到一些新朋友。」

「第二項重點是：尋覓良師。良師就是那些已經做到妳想要做的事的前輩和專家。在不同生活領域可能有不同的良師指引迷津，比方說，妳有投資良師、事業良師、健身良師、個人生活良師等。我的好友和投資夥伴肯恩，就是我的良師之一。他在美國西南部擁有一家知名物業管理公司，同時也是一名投資人。他是一位全方位的房地產投資人，我很喜歡跟他一起共事，因為他會跟我一起討論可以投資的房地產交易。我們會花一點時間分析那個物件的利弊得失，每次我跟他開會討論後都獲益良多。」

「許多人會問：『要怎樣找到一位良師？』對此，我自己也沒有什麼神奇公式可以提供給大家。在我生活中出現的這些良師，都是偶然發現的。俗話說：『學生準備好了，老師就會出現。』我發現真的是這樣沒錯。當妳真想要學、也準備要學時，那位關鍵導師就會適時出現。」

「第三項重點是：找到一個女性投資團體。之前我說過，我真的相信女性彼此學習成效卓著。所以，我鼓勵女性組成只有女性參加的投資研究團體。我再次強調，我支持那種以教育為主的團體，不支持那種集資投資的團體。妳要明智地選擇投資夥伴。」

「如果妳要籌組一個投資團體，一定要訂定高標準，邀請認真看待個人財務未來，也願意學習並採取行動的女性加入。邀請志同道合且願意接納各種意見，願意探討新構想和新機會的人加入妳的團體。」

「以專業的方式召開會議，個人理財本來就是一項專業。妳的投資團體要準時開會，準時結束。每次會議都有一定的議程，我參加過許多女性團體的會議，其中最成功也最有效益的是，就是那些從一開始就對會員訂定高標準的團體。」

「投資俱樂部也是一個很好的平台，可以邀請專家擔任演說嘉賓，讓會員增長知識與見聞。投資界有很多聰明人，我發現最傑出也最成功的人通常都渴望跟別人分享自己知道的事。他們或許沒有時間擔任個人良師，卻願意花一個小時的時間，跟有興趣的團體發表演說。」

「重點是：讓自己跟這些人為伍（這一點適用於生活的所有層面），不論順境或逆境，他們會支持妳、跟妳實話實說、會激勵妳繼續努力達成目標，尤其是實現財務目標。」

關鍵七

「講到投資，大多數人都想知道『明牌』，『告訴我該做什麼』，『把答案告訴我就好』，『我手上有五千美元，現在應該投資什麼？』他們想要迅速的解決方案。然而，要成為一位成功的投資人，妳就必須時時提醒自己：**投資是一個過程**。」

「努力追求個人財務獨立是一個過程，不是一夕之間就發生的事。迅速致富方案是不存在的。就像學習另一種語言，妳不可能一天之內就把話講得很流利。妳必須先學幾個單字和片語，然後增加自己懂得辭彙。妳要練習、練習、再練習，並且學會如何進行得體的交談。妳可能會在過程中犯了一些錯，讓妳覺得很難為情。不過，如果妳繼續練習，最後就可以用那個語言流利地交談。」

「妳每犯一次錯，就變得更聰明些。我從影片中看過巴克明斯特．富勒建造圓頂建築——富勒知名的發明之一。一群學生一起建造富勒多次嘗試要建造的圓頂，卻一再地失敗。這次，學生們信心十足，他們已經有正確的規格，並相信圓頂可以支撐得住，不會垮下來。當他們快要完成時，富勒從上面往下看，圓頂又塌了。學生們都很疑惑、心情沮喪又很氣餒。相反地，富勒卻欣喜若狂。他開心地跳了起來並這樣說：『我知道我們哪裡弄錯了！真是太棒了。我們很快就能成功打造圓頂了！』雖然學生們蓋的圓頂又倒了，富勒卻一點也不難過。他知道這是一個過程，歷經的每一個步驟都讓他更聰明，也更接近自己的目標。」

「對我來說，投資這個過程永無止境。我每天都在學習，更知道錯誤是學習的一部分。我喜歡犯錯嗎？相信誰都不喜歡。犯錯時，我心情很糟，但我知道，為了學習並得到我想要的東西，我必須犯錯。如果我在一九八九年進行第一筆投資時，就買下幾百萬美元的辦公大樓，而這項投資也讓我賺大錢，那麼最後可能發生二件事。首先，我會認為自己很聰明也很懂得投資，但其實我只不過是幸運罷了。其次，我可能會再做一次，因為我認為自己很聰明，但是到最後可能會損失慘重，因為我根本不知道自己當初為什麼會投資成功，因此沒辦法複製成功的經驗。藉由經歷投資過程，一步步地學習，妳就能夠一再地複製自己的成功經驗。」

「知名女星伊莉莎白・泰勒（Elizabeth Taylor）瞭解這種過程，她說：『重要的不是擁有，而是過程。』」

關鍵八

「為了讓個人繼續成長，也讓個人投資規模漸增，有一件事是無法取代的，那就是：**無時無刻地學習**。」

「這是成功的心鑰。世事瞬息萬變，市場不停變動，規則也是。為了成為一位成功的投資人，妳必須因應市場趨勢的改變。換句話說，妳必須無時無刻地學習。妳可以從下面這三種立場中擇一：跟改變並駕齊驅、領先改變，或是落後改變。」

「凱倫是一位很成功的房地產投資人，她跟我的朋友說，即將參加一家私人公司舉辦、為期三天的房地產課程，並問我朋友要不要一起參加。」

「『妳幹嘛要參加房地產課程？那是妳每天在做的事，妳已經這麼成功。他們能教妳什麼？』我朋友這樣問她。」

「凱倫回答說：『這或許是我比一般房地產投資人做得更好的原因。我總是尋找最新的資訊，從中不斷地學習。』」

「我的朋友並沒有跟凱倫一起去上課，雖然她也是一位房地產投資人。問題是，這三年內她都沒有做房地產買賣，而且以往的做法不再奏效，加上自己又不願意尋求新解答，儘管如此，這是她自己決定停止學習的。」

「我的另一位朋友法蘭克，今年八十幾歲了卻還熱中學習。他每個星期會給我一些有關於世界經濟與投資的文章。還記得有一次，他人在中國參觀一家由他協助上市的金礦公司，結果隔一週，他就又飛到加拿大溫哥華參加藝術課程，過沒多久，他又邀請我們夫婦去亞歷桑那州參加一家知名大廠的落成典禮。此外，他也會參加富爸爸公司舉辦的研討會，也運用最新的電腦科技，讓自己的事業營運得更有效率。他從不停止學習，而我很幸運能一再地向他學習。」

「持續學習需要努力。妳不可能只在網路上研究一下資料，就知道怎麼跑馬拉松。你必須穿上慢跑鞋，實地去跑步，也可能需要找一名教練，開始進行短跑練習，然後慢慢加強心肺功能，讓自己可以跑完十三哩，不會因為筋疲力盡而中途放棄。這樣做不僅要鍛鍊體能，也要加強意志力。」

「所以，為了妳的健康和財務成功，持續學習吧！」

關鍵九

「現在，我必須強調，妳絕對不可以忘記關鍵九，這或許是最重要的一項關鍵。向自己做出承諾，妳會時時提醒自己這項不可或缺的個人規則。可以嗎？」我問。

「沒問題！」她們三個人畢恭畢敬地回答。

「關鍵九就是：**享受投資的樂趣！**」

「我大力推薦妳在每次投資成功時，就慶祝一下。當妳成功時，就要給自己一個獎勵。這裡所指的成功可能是在財務上獲得成功、克服一項障礙、把自己的恐懼擺一邊努力去做、明白自己有好幾個月不必操心錢的事，或是充滿自信也能掌控自己的人生。而且，這些事情都很好玩也值得慶祝。」

「另外也很好玩的是：尋找下一次投資、追蹤個人各項投資的進度、瞭解如何增加個人投資收入與現金流、學習能讓妳下次投資做得更好的新事物、尤其是看到自己賺錢了，這一切都好有趣呢！」

摘要

「依我所見，這些就是成為致勝投資人的九項關鍵，」我說，「有問題嗎？」

「我相信當然有很多問題，」雷絲莉說，「對我來說，享受投資的樂趣這項關鍵最能引起我的共鳴。」

「記得妳要時時提醒自己喔！」我開玩笑地說。

「我現在愈來愈清楚投資是怎麼一回事了，」崔西說，「現在，我真的瞭解投資是一個過程。只要我從事投資，這個過程就永無止境。因為總是有更多的東西要學。」

「順便跟大家說，我已經做好這九項關鍵的筆記，也很樂意影印給大家！」佩特一如往常地說。

SHOW ME THE PLAN!

第二十二章　把計畫拿給我看！

「女人就像茶包，沖泡熱水後就變得濃郁，而在逆境時就更加堅強。」

～美國小羅斯福總統夫人伊蓮諾（Eleanor Roosevelt）

在這次投資聚會的第二天，我跟大家分享成為成功投資人的九大關鍵後，接著我們四個人就開始分享構想，清楚地界定每個人想要實現的投資目標，然後切合實際地檢視怎樣做才能達成那些目標。

在這二天聚會快要結束時，大家都精神抖擻。我們覺得自己好像做完一場相當累人的運動，但是感覺好極了。我們完成原先說好要完成的事。

每個人都擬妥自己的行動計畫，如同雷絲莉所說，「我等不及要回家，開始執行計畫。」崔西、佩特和雷絲莉都很清楚，她們想要獲得財務獨立，也有各自有不同的投資計畫。為了讓這二天的投資聚會劃下完美的句點，每個人都向大家摘要報告自己的計畫。

雷絲莉的計畫

雷絲莉先開始，「參加聚會之前，我的計畫是增加現金流，讓自己不再需要靠工作過活。我跟大家說過，我討厭為錢操心，更痛恨讓老闆操控我的生活，告訴我什麼時候上班，什麼時候可以休假。我的計畫是繼續工作，因為工作是我目前唯一的收入來源。不過，我打算從各項收入撥出二〇％，把這筆錢存入投資帳戶。這樣做對我來說，實在要很努力才行，不過我想趕快把我的投資帳戶準備好。」

雷絲莉繼續說，「我對房地產很有興趣。我可以想像到自己擁有不動產、開始跟房地產投資界人士打交道，為我的房客營造出一個美好的居家環境。我對自家附近的一些地區還滿熟的，我想那裡可以找到不錯的投資物件和房客。我回家後會馬上開始研究那些地區，就像金先前說的，要成為某些方面的專家。我也想到二位舊識，她們很有興趣跟我一起投資。我會小心地詢問她們，她們都是白手起家的人，所以跟她們聊天就能讓我學到一些東西。我一定會忙得不可開交，不過我已經做好準備了。」

崔西的計畫

崔西採取稍微不同的做法。「我任職的公司被賣掉了，這件事真的讓我大開眼界。我從來不知道自己竟然無法掌控生活，居然如此仰賴一份收入。我喜歡企業界，也喜歡替自己工作。這個時間點剛剛好。即使公司要我繼續留下來，我也不可能獲得升遷，因為我之前是為公司效忠才有那麼好的工作表現。我早上六點半就進辦公室，晚上八點才回到家。就算放假時，也在想工作的事。所以，我需要徹底的改變。」

「我的計畫是，」崔西開始解釋，「跟我先生好好地談一談，仔細地審查我們目前的財務需求。然後，我想做二件事。首先，我打算開始替自己工作。如果我想要的話，明天就可以挑出三項專案！之前外面就有人找我一起做專案管理，是按件計酬的工作，現在這個時間點再好不過。我明天就可以開始進行三個專案，那樣做不會花掉我所有的時間，只不過這樣做當然一點也不輕鬆。光是進行這三個專案，我的收入就算沒有超過目前的薪資，也跟目前薪資差不了太多。」

「第二件事是，抽空做好投資。我同意雷絲莉的做法，我只是想取得能產生現金流的資產，但還不確定從事哪種投資。不過，我比較傾向於從事房地產投資，以及不必親自參與經營的事業投資。我想跟我先生一起做這件事，因為我知道當我把這項計畫拿給他看時，他一定很興奮。所以，第二個步驟是決定我們想要多少現金流投資。我保證會在一週內告訴妳們答案。我不想失去這二天激發出來的衝勁。妳們可知道，讓我最感到興奮的是，我終於又開始覺得自己能夠掌控生活了。」崔西如此說著。

佩特的計畫

「我似乎對股票選擇權很感興趣，」佩特說，「或許因為我懂得研究，上網查資料得心應手，而且選擇權交易這個圈子讓我深深著迷。我得承認，這幾個月來，我已經針對股票選擇權做過許多研究。」

「所以，我的計畫是，」佩特說，「專心學習如何買賣股票選擇權。據我所知，這不是一個簡單的主題，所以我想向頂尖人士學習。我會參加這方面最棒的課程，找最棒的老師教導。而且，我會從小額投資做起，先花一點小錢當學費。光是想到這件事就讓我好興奮！」

佩特繼續說，「我從來沒有完全放棄寫作。我靠這些年不停地寫作，幫自己存了一些錢，我會從這筆錢中拿出一些錢來上課。我知道自己從買賣股票選擇權獲得的收入是資本利得，我也知道最後我想要追求以現金流為主的投資。因此，我從買賣股票選擇權賺到的錢，最後會來購買能產生現金流的投資。」

「所以，我會透過買賣股票選擇權賺錢，然後用我賺到的錢購買現金流投資。這項計畫適合我，因為我不必仰賴先生就能透過投資賺錢。如果他決定要跟我一起投資，那會很棒，我們也可以加快計畫進度，這當然是最理想的狀況。不過，如果他決定不參與我的投資，我還是會繼續追求財務獨立。」

「二個月前，」佩特說，「我打電話給二位說她們想要籌組一個投資研究團體的女性。我想跟她們見面，探查一下她們是否認真看待此事，我覺得獲得持續不斷的支持或許很有幫助。況且，我還想到一個很有趣又不照慣例的想法。其實，版稅是被動收入的一個絕佳來源。身為作家，我一直想要寫一本小說。其實，我已經開始寫了，只不過稿子放了好多年都沒有動。現在，我知道自己應該嘗試一下，我從來沒有把寫書當成現金流或被動收入的一項來源。身為作家，我只是夢想自己出版一本書。不過現在，我認為把我對寫作的熱愛跟我的理財計畫結合，這樣做是可能的。我也打算寫更多文章寄給報章雜誌，當成一項收入來源，拿稿費來做投資。對我來說，就像崔西說的，最重要的是讓這一天激發的動力持續下去。我真的好興奮！」

「要做」跟「要有」的對照

雷絲莉補充說，「說得好，」她說，「有好多事要做，而且我可不希望我離開這裡後，就無法專注進行計畫。我現在知道，為什麼找志同道合者為伍有多麼重要。不過，我要怎麼做才不會讓那麼多要做的事給壓垮，令自己無法招架？」

「問得好，」我回答，「如果妳專注在必須做的事情上，妳一定會失去熱誠，因為妳會覺得事情多到讓妳無法招架。幾年前，我問過同樣的問題，我很欣賞的一位人士對這個問題做出的解釋。」

「妳們或許知道是、做、有（BE-DO-HAVE）這項概念。」

「『是』表示妳的狀態：妳是誰。『做』表示要做的事，妳做什麼。「有」則表示妳有的東西，決定妳有什麼。舉例來說，如果妳想有小孩，那麼妳必須成為一位孕婦，你必須做的事是懷孕、找醫生檢查、照顧好自己的健康也照顧好胎兒，最後就是生產。關鍵是，妳從一開始並不是把焦點放在妳必須做的事情上，而是把焦點放在妳想要擁有的東西——『我想要有一個小孩。』」

我繼續說，「妳必須把所有焦點放在妳想要擁有的東西，因為這會帶給妳更大的激勵，而妳必須做的事只會讓妳覺得壓力沉重。佩特，如果妳想在《時代雜誌》（Time Magazine）上發表一篇文章，妳必須成為怎樣的人？」我問。

「我必須成為一流作家。」她回答。

「妳必須做什麼？」我問。

「我必須找出《時代雜誌》要哪種文章。或許必須上一些寫作課，磨鍊一下寫作技巧，也必須做一些研究再開始撰寫文章。我必須找出該把這篇文章寄給誰，然後把文章寄出去並進行跟催。如果我的文章被退稿，我就要重複之前的流程，直到文章被刊登為止。這些步驟都是邊做邊學，如果我知道整個過程的所有步驟，我可能連寫都不想寫。」佩特回答。

「那就是重點，」我說，「全神貫注在妳想要擁有的東西上，妳必須做的事就會出現。到目前為止，妳是誰和妳的做法已經成就今天的妳。如果妳想要改變今天的妳，而改變妳後又會有什麼？這也就是我們這二天一直討論的事，那麼妳必須改變妳是誰及妳的做法。如果妳不這麼做，一切都將原封不動。我從妳們每個人的說法中得知，妳們想要改變，要改善自己擁有的東西。對吧？」

她們都點點頭。

「妳要怎樣改變『妳是誰？』」崔西問。

我說，「拿佩特來說，如果她想推銷自己的文章，就必須成為一流作家。我沒有意思要冒犯佩特，不過，她現在因為缺乏練習，所以不是世界級作家。所以，她必須改變自己。如她所說，她或許必須去上寫作課來提升自己的寫作技巧，瞭解她想投稿刊物的最新動態，可能的話跟幾位重要編輯見面打好關係，被退稿時繼續努力再投稿。藉由這樣做，她會改變自己，也會從二流作家晉升為一流作家。這樣說有道理嗎？」

「說得有道理，」崔西回答。「所以，對我來說，要達到個人目標，必須成為一位成功的企業家和成功的投資人，目前我還不是這二種身分。所以，是我的目標和我想要的東西，決定我成為什麼樣的人，也決定我做什麼。」

「正是如此。而且，大多數人會先檢視他們必須做的一切，卻發現要做的事似乎太多，所以遲遲不肯採取行動，也就永遠無法獲得自己想要的東西。」我補充說。

佩特大聲地說，「這就好像有人說：『早知道這樣做要付出這麼高的代價，我當初就不會這樣做！』」

「說得對，」雷絲莉說，「我會只專心去想我要有什麼——我想要買下第一間出租住宅，在這個過程中，為了達成目標，個人也會逐漸改變，也會做好必須做的事。」

相信妳自己

「我知道，時間已經有點晚了，不過我還要提出最後一個問題，」崔西表明，「我知道當我在工作上必須做出一項棘手的決定時，一旦我瞭解所有實情，決定因素通常就憑我個人判斷與直覺。在投資時，直覺重要嗎？因為我認為『女人的直覺可能是一項優勢。』」

「關於這一點，我只能提出我的經驗給妳們參考。在我成交第一筆出租住宅交易的前一天，我還拿不定主意。『是的，我應該買。』、『不，我不應該買。』我簡直快把自己弄瘋了。最後，我跟自己說：『妳已經盡全力搜集這麼多資料。現在，妳必須相信自己。』我問自己：『究竟做或是不做。』我心裡浮現答案是：『做！』隔天，我就買下那間房子，結果那筆投資實在很成功。」

「如果我沒有做好研究並取得實情，一開始就問自己要不要做，只憑我的感覺做決定，那樣做簡直太愚蠢。我也發現自己完成更多交易，直覺也就變得更敏銳。有時候，我會問問題並質疑『我為什麼問那個問題？』而且那個問題剛好是整個交易的關鍵所在。」

「我剛開始投資時，朋友介紹我認識一位股票營業員，我透過他買進可口可樂公司的股票。我買了股票以後，並沒有太注意股價，等到有一天我查看股價時才發現，這支股票已經讓我賺了不少錢。我打電話跟營業員說：『我想賣掉可口可樂公司的股票。』」

「他馬上跟我說：『現在先別賣，我確定股價會繼續漲。相信我是專家，也知道自己在說什麼。』」

「我跟他說：『股價或許會繼續漲，不過我現在已經賺到錢，我想先出場。』」

「他繼續跟我說，如果我之後再賣可以賺多少錢，也跟我說如果我今天就賣掉股票，日後一定會很懊惱。最後，我被他說動了，所以沒有賣掉股票。一週內，股價卻開始下跌，最後我賣掉股票時還虧了錢。這就是不相信自己和直覺的後果。」

「其實，我犯過的最大錯誤不是發生在投資方面，而是發生在生活上，那些錯誤就發生在我不相信自己時，我被別人說動，做出自己並不認同的做法。就在我不忠於自己、做出跟自己的想法與信念相違背的事情時，我就會陷入最大的困境。」

「崔西，我同意妳的說法。我認為直覺在投資界扮演著一個關鍵的角色。我常常傾聽直覺要告訴我什麼，只不過我不會單憑直覺做判斷，也不會任由直覺所擺布。不過，我總會瞭解一下直覺怎麼說。我會做好自己該做的功課，也會收集資料並瞭解實際情況，然後我會聽聽直覺怎麼說。如果每件事情都就緒，我就會按照計畫繼續做下去。」

「我的直覺告訴我，我們都會做得很好。」雷絲莉笑著說。

「我們先休息一下，在結束前我還有一個故事要跟大家說。」我宣布。

RICH WOMAN™

FULL THROTTLE!

第二十三章　全速前進！

「入港的船是安全的，但那不是造船的理由。」

～共通商用語言COBOL之母葛瑞絲・哈柏（Grace Hopper）

「我想跟妳們分享最後一個故事，然後我們好好慶祝一下。」我說。

一個很特別的禮物

「二〇〇四年耶誕節，羅勃特很興奮地要我打開一個禮物。他的眼睛直盯著禮物看，急忙要我打開禮物。我拆開小盒子的包裝紙，把禮物打開，天啊！竟然是：亞歷桑那州鳳凰城邦杜蘭特高效能駕駛學校四天大賽車課程。」

「我有點困惑地看著羅勃特，我根本沒有把這樣東西列在我的禮物清單裡頭。」

「我幫妳跟自己買了這樣禮物！」他大聲地說。

「『原來是這樣啊！』我心想，『他幫自己買了一樣禮物，然後包裝一下送給我，要我打開禮物。』」

「為什麼要去賽車學校上課？」我問。

「『我想這課程應該很有趣，』他說，『而且，我們喜歡一起學習，所以我們就一起參加這門課！』」

「賽車課程又不是我死前想完成的大事之一。不過，既然報名了，就訂下日期吧！」

賽車學校的第一天

「我們從家裡開車上高速公路，前往位於沙漠中的邦杜蘭特學校，參加第一天的課程。我根本不知道這堂課要上些什麼，我必須承認我們都有一點緊張，也有些擔心。我這輩子還沒有在賽車場開過車。當我們抵達學校時，我們先辦妥註冊手續，然後進教室坐下來──到目前為止，情況還算好。接著，教練們走進來歡迎我們，先做一些介紹。有一位教練建議我們辦妥保險，因為他認為：『如果把車子撞壞了，必須賠償相關費用。』」

「『把車子撞壞了？』我心想。『我可能把車子撞壞了？』、『這下可好了。』我現在不緊張了，因為我嚇壞了。」

「接著，教練請每位學員站起來說，自己為什麼參加這項課程。我們班有十二位學員，在聽到學員自我介紹時，羅勃特跟我看著對方，那種表情好像在說『我想我們犯了一個大錯』。原來另外那十位學員不是職業賽車選手，就是業餘賽車選手。他們來上課是為了讓自己的技巧更加純熟。羅勃特跟我是唯一從亞歷桑那州來的學員，其他學員有的來自歐洲、有的來自南美洲、日本和全美各地。輪到我站起來自我介紹時，我用顫抖的聲音說：『我是來這裡玩的。』說完這句話我馬上坐下來。我覺得自己一定是瘋了，當下真想從那裡逃出去。喔！更慘的是，班上只有一位女性學員，那就是我。」

「教練繼續說明我們在第一個小時要做什麼。『每位學員會有自己要開的跑車。我們打算幫大家上一些障礙課程和速度測試。在最後一項測試中，你要開著你的車直線全速前進，等到我們以信號通知你，你就要用盡全力去踩煞車，在幾秒鐘把車子停下來。』」

「沒錯！當時我已經嚇壞了。」

「我們各自挑了一件紅色的賽車服和賽車帽。每走進車子一步，我就更清楚聽到自己的心跳聲。我一直在想：『我究竟讓自己陷入怎樣的局面啊？』」

「我小心地坐進雪佛蘭跑車裡，我的車號是四號。我調整座椅，調好後照鏡，搞清楚怎樣繫好安全帶，然後深吸一口氣，轉動鑰匙發動引擎。」

「我的教練雷斯低頭靠近車窗跟我說：『大家都跟著前導車，跟著前面的車子開上賽車道。好好玩吧！』」

「『我幹嘛說自己是來這裡玩的啊？』我問自己。我真是說錯了。我把腳踏在油門上，我知道沒辦法回頭了。」

「我必須稱讚邦杜蘭特賽車學校的教學能力實在精湛。像我這種根本沒有賽車經驗的人，透過他們的指導，竟然可以完成一次又一次練習，只是我沿路上一直緊張地深呼吸。有時候，我的教練會坐在駕駛座或駕駛座旁邊的座位，為我示範動作。所以，我總覺得如果自己需要協助就可以找他幫忙。我認為這項課程實在很棒，推薦大家去上。邦杜蘭特學校確實讓我大開眼界，也幫助我突破極限。只是參加課程時要做好準備——我從這四天課程的經驗中得知，上課時你只會有二種情緒，一種是全然的恐懼，另一種是欣喜若狂。」

賽車學校的第二天

「每天，我體驗到完全不同的恐懼。在第二天的課程中，教練先跟我們簡單說明一下當天要做的事。我認為聽教練簡報當天行程時，比實際開車還可怕。聽完我們當天要做的事情後，我坐在教室裡，覺得自己根本不可能做到那些事。在第二天的課程中，我們要實際上場……，要開上賽車道，然後開始賽車。我瞄了羅勃特一眼然後低聲說：『這都是你的瘋狂構想。我們在這裡幹嘛啊?你要記住……，這都是你的錯!』」

「我全都做到了。當我們練習賽車時，教練告訴我們要跟車。我們一起開上車道，大家都以慢速前進，模擬大賽車比賽時的起跑動作。」

「所以，我們的車排在一起，慢慢開上車道，沒有人可以超車，等到教練揮舞旗子。我看到教練站在塔上拿著旗子，我等待信號。突然間，教練就揮舞旗子，我們就加足馬力前進！每位駕駛拚命把別的車擠開要搶第一。我們這樣練習了幾次。在頭幾次時，我退縮了，讓其他駕駛超前，我被恐懼支配。在第三次起動時，我知道我必須更積極。大家的車子都排在一起，我這次開得比較好，算在比較前面。我們以二檔低速行駛在車道上，等候教練揮動旗子。我緊張地注視著教練，他揮動旗子了，我也開始前進。這次，我擺脫車隊向前衝，我前面只有一輛車子，不過他在發動時稍微慢了一些，我加速超越他，我領先了！『女生能有這樣的表現很不錯了，』我自嘲地說。後來，我才知道被我超車的那位仁兄因為被我打敗所以很生氣，尤其是被女生打敗，這讓我贏得更開心呢！」

賽車學校的第三天

「第三天的課程就跟前二天一樣，讓人又驚又喜。正當我放鬆心情，感受到片刻的平靜時，教練再一次把柵欄升起，帶我們練習坡道駕駛。」

「第三天的課程結束時，我們回到教室裡做摘要報告。這時候，教練宣布明天的行程。我的教練開始說：『過去三天，大家學到了基本技巧。你們已經知道如何控制車子滑行、空轉、轉彎等。明天，你們要把這些技巧結合在一起，而且要交出這幾天開的車子，換開F1方程式賽車，以全速前進跟其他學員一起在車道上賽車。而且，F1方程式賽車只有單人座，所以教練只會在你把車開進賽車場修護站時指點你。他們不會坐進你的車子裡，你們得要靠自己。』」

「對那些像我這樣不熟悉賽車的人來說，F1方程式賽車確實是一輛賽車。這種車的駕駛座很小，你根本是滑進座位把腳伸直，踩踏在油門上。」

「我緊張得要命，教練說的話讓我更加恐懼。那天晚上開車回家時，羅勃特跟我都沒講什麼話。我一直在想明天我要怎麼辦。我的腦海裡不斷浮現在體育台上看到賽車撞毀的畫面。我怎麼睡得著呢？」

賽車學校的第四天

「關鍵時刻來了，我走進教室，教室比平常更安靜。只有最有經驗的職業賽車手彼此交談，其他人都安靜地假裝自己很好，其實大家都嚇得要命。」

「教練走進教室開始說明今天要做的事。當我聽到：『如果你的車子失控打轉』、『如果你衝出車道』、『如果你撞壞車子或撞到別輛車』……，我真的傻眼了。後來，教練還說了什麼，我全都不記得。」

「我走進更衣室換上賽車服。由於班上只有我一位女生，所以整間更衣室只有我一個人，這麼安靜的時刻，讓我有更多時間害怕。『我真不敢相信，我竟然花錢做這種事，』我心想，『這是我做過最瘋狂的事了，第一天要我們買保險時，我就應該知道事情會這樣。我應該假裝生病了。假裝？我根本不必假裝，我真的很不舒服啊！』這所有想法在我的腦子裡打轉。」

「我走出更衣室，羅勃特在外面等我。我們沉默不語地走著，兩人心情不太好、手牽著手走過停車場，向F1賽車停車棚走去。第一天那種可怕的感覺再次襲捲我們。教練從容不迫地確定每個人都在駕駛座上坐好。教練帶我到我當天要開的車子前面。我的教練雷斯面帶微笑地看著我，還跟我說一些笑話，要我別那麼害怕。駕駛座真的很小，滑進駕駛座的感覺就像穿上一件小二號的牛仔褲。」

發動引擎！

「我繫好安全帶，調整好後照鏡，就開始練習換檔，這跟我們原本開的雪佛蘭跑車的換檔方式截然不同。停車棚的大門打開了，接下來我聽到教練說：『好了，各位，發動引擎！』我深吸一口氣，在試了第三次時，我的引擎發動了。接著，一次一輛車開出去，大家排成一排，慢慢地將車子開出停車棚，進到車道的修護站。戴上安全帽的我可以清楚聽到自己的呼吸聲。我全神貫注地把車子開進車道，其他什麼事也沒想。在修護站時，教練給我最後的指示並說：『當妳準備好時，就把車子開上車道，先慢慢開幾圈，瞭解一下這輛車子的性能。』」

「我鼓起勇氣，把車子慢慢開離修護站，然後開上車道。這時，比較有經驗的學員已經在車道上快速奔馳。我經過第一個彎道時，大聲喊出指示，告訴自己該怎麼做，『換低速檔！換低速檔！過彎！過彎！重踩油門出彎！加油！加油！加油！』第一次彎道成功了。我的腎上腺素開始激增。我開始加速。每開完一圈我就更有信心。這時，我們跟著教練車已經開了好幾圈。接著，教練指示我們全部開進修護站。」

「在練習二個小時熟悉車子的性能後，教練相信我們已經準備好，可以上場賽車了。『你們看到黑白方格旗時，就表示要把車開到車道上。這次先開一圈就好，開完一圈就進修護站。』其中一位教練提醒我們：『讓開得比較快的車子超車。如果你在車道上出狀況，只要舉手就會有人過去幫你。現在，把前三天學到的東西都發揮出來吧。祝你們好運！』」

「聽完教練的指示後，我們都戴上安全帽，坐上車，把車開到車道上。到目前為止，我都覺得很棒。就在進入直線車道前的最後一個彎道，我已經開了十圈。當我進入彎道時，我忘了要換低速檔，我在過彎時車速太快，當我努力要控制車子時，車子開始打轉。我想都沒想，馬上以三天前教的技巧做反應，車子打轉四或五圈後，我的車就逆向停在車道中間。『天啊！我做到了！』我心想。『我剛才克服了賽車的最大恐懼之一——車子失控。我失控了，可是我沒事。』我為自己的表現感到激動。我的信心大增。」

改變一生的教訓

「我把車子調頭後，繼續開。後來，我發現雖然我在車道上實際練習，也把車子控制好，我還是有一點沮喪。原本開雪佛蘭跑車時，有些駕駛超越我，但我也超越一些駕駛，而且我可以跟上大家。但是，換開F1方程式賽車後，我卻一直墊底。我搞不清楚為什麼會這樣。我又努力開了幾圈，後來我把車子開進修護站。」

雷斯走過來跟我說：「妳心情不太好吧，是嗎？」

「是啊，我實在搞不懂，在開雪佛蘭跑車時都能贏過一些學員，但是今天每個人都贏過我，我覺得自己開得好慢。」我回答。

接著，他說的話改變我的人生。雷斯說：「告訴我，妳有全速前進嗎？」

「全速前進？你是說我的油門要一直踩到底嗎？」我問。

「是啊！我就是這個意思。」他回答。

我馬上回答：「沒有，我沒有。」

雷斯指著車道說：「他們有。」

「這就是為什麼他們超越我，因為他們全速前進嗎？」我說，『可是，我不知道自己能不能做到。』

雷斯看著我，面帶微笑地說出這些神奇話語：「金，妳已經練習到這個地步，應該不會想要中途放棄吧！」說完這些話，他就走開了。

「我在修護站坐了幾分鐘，我知道雷斯正在看我。接著，我慢慢把車子開進車道入口，不確定自己打算怎麼做。我等待機會，開始加速，我又回到車道上了。我開了一圈，一直聽到雷斯說的話：『妳已經練習到這個地步，應該不會想要中途放棄吧。』進入第二圈時，我用力踩油門，幾秒鐘內，我開始全速前進。當我開完這圈時，已經超越前面一輛車，我開心地放聲大叫。我又回到車隊了。」

「令我驚訝的是，我發現全速前進其實更能得心應手，轉彎時也覺得比較順。我真的欣喜若狂！我全神貫注在開車上，巧妙地應付每個彎道，我沒有看到黑白格子旗。當我開進直線車道時，車道中站了三位教練，全都揮舞黑白格子旗。只剩下我這輛車還在車道上。大家都已經在修護站休息一會兒了。我一邊笑自己，一邊減速把車子開進修護站。」

我把車子停好，拿下安全帽時整個人滿臉笑容。雷斯就在那裡等我。「妳做到了！恭喜妳！」他說。

「實在太棒了！我覺得全速前進時，真的開得比較好。這真是改變我一生的新啟示！」我興奮地說。

「還有一件事我沒跟妳說，」雷斯說，「我不想讓妳有理由或找藉口不試試全速前進。」

「我不太懂你在說什麼啊？」我問。

「上這堂課的大多數女性一開始駕駛F1方程式賽車時，都沒有全速前進。」雷斯這般說著。

「就跟我一樣。」我說。

「是的，只不過有一項差別。」他繼續說。

「什麼差別？」我問。

雷斯說：「她們把車開進修護站時，我會跟她們說一樣的話——但是，有九〇%的女性還是無法全速前進。她們中途放棄了，她們沒辦法做到。我沒有告訴妳這些，是因為不想讓妳跟自己說，大多數女性都沒辦法做到，所以我也不必做到。關鍵就在於：如果妳沒有全速前進，妳就會錯失這項運動的樂趣。」

我心想：「**如果妳沒有全速前進、全力以赴，妳就會錯過人生的樂趣**。」

「那堂課改變了我的人生。」

RICH WOMAN™

DINNER WITH THE GIRLS – A CELEBRATION

第二十四章　與姊妹淘晚餐——慶功宴

「女人從出生到十八歲要家世好，十八歲到三十五歲要長得好，三十五歲到五十五歲要個性好。五十五歲以後，錢多最好。」

～美國歌星蘇菲・塔克（Sophie Tucker）

「我認為妳剛才把柵欄打開了。」崔西說。

我笑了笑。

「好了，這二天的聚會到此結束。」我宣布。

我們都準備好要悠閒地享用晚餐。

我們換好衣服，坐進我的車子裡，我可沒有全速前進。我把車開到附近一家很棒的義大利餐廳，那裡的義大利麵和新鮮墨魚很出名。泊車小弟幫我停車，餐廳老闆在門口歡迎我們並說，「一切都準備就緒了，祝妳們用餐愉快！」

「我們會的！」雷絲莉向他保證。

服務生走到我們這桌問，「要不要先點飲料？」

佩特開口說，「我想我們應該點一瓶香檳，是嗎？」

大家都認為這是一個好主意。

我們讓佩特挑選香檳並告知服務生。

「對我來說，這二天簡直是人生的一大改變。」雷絲莉說。

「我的腦子裡塞滿跟妳們每個人學到的東西呢！實在很謝謝大家。現在，我們輪流分享這二天的聚會對自己有什麼意義，對自己產生什麼改變，以後打算怎麼做。」

崔西接著說，「我的人生從此再也不同。在我參加這次聚會前，我知道我的公司即將出現變動，我必須改善自己的財務狀況，我知道如果自己不去改變現狀，情況有可能變得更糟。這是我這些年來，第一次覺得生活又在自己的掌控中。」

就在這個時候，服務生拿了佩特挑的香檳和四個香檳杯，接著把香檳倒好。

「來乾杯吧！」雷絲莉宣布。

我們一起舉杯。

「恭喜大家！我們每個人給彼此支持和鼓勵，真的讓我很感動。顯然，我們都希望彼此達到自己設定的財務目標。而且我覺得，如果自己沒有達到目標，就會讓妳們失望。光是想到這一點，就激勵我繼續努力。我很感激能夠成為這個團體的一員。為我們的友誼乾杯！」

「為我們的友誼乾杯！」我們異口同聲地說。

「為我們和我們的財務獨立乾杯！」崔西補充說。

我們再次乾杯。

想法的改變

佩特開始說，「今天早上醒來時，我想到二十年前，我們在檀香山的午餐聚會。當時大家的想法都差不多，都專心追求自己的事業生涯目標。想起來真有趣，後來大家各自往不同的方向發展。但是現在，二十年後，我們在這裡，雖然大夥不再熱中追求事業生涯目標，但卻再次有類似的目標，只不過這次我們要追求的是投資目標。」

「而且，對我來說，那可是一大改變，」雷絲莉回應，「我這位拿著蠟筆的藝術家，花二天的時間研究和討論金錢、投資、擬好實現財務獨立的計畫，實在讓我對自己刮目相看。我從來沒有想過要做這種事．總是以為理財和投資太難了，不是我做得來的。現在我明白，我做得到……，而且理財和投資讓我好興奮！」

崔西接著說，「我從來不知道自己會擔心先生失業，擔心自己被裁員，原因就出在我讓別人控制自己的生活。我等著老闆告訴我，接下來這十年要做些什麼。現在，我已經不再擔心害怕，反而會責怪自己竟然沒有早一點清醒，不過現在發現還不算晚。我一個人偷笑，甚至希望被裁員，這樣我還可以拿到資遣費，拿這筆錢來開創新事業。那可是想法上的一大改變呢！」

「說得真好，崔西，」我回答，「一切就跟想法上的改變有關。改變妳的想法，妳不再把工作或薪水當成生活資助，是嗎？」

「再也不會了，」崔西回答，「以往，我一直認為工作是唯一的賺錢之道，認為自己必須靠薪水過活。老闆願意給我多少錢，我就賺多少錢，薪水是有上限的。現在，我的想法改變了，我可以賺的錢無可限量。我可以透過我的事業和我的投資來賺錢，而且沒有上限。光是這個想法，就讓這二天的聚會變成無價之寶。」

雷絲莉說，「在我們開始做這些討論前，我以為賺更多錢的唯一方法就是做更多份的工作，我也以為薪水就是一切。只要想到要兼第二份工作或第三份工作，我就覺得筋疲力盡。現在，我把目前的工作當成協助我達成財務自由目標的一項工具。我會以截然不同的觀點，看待我在畫廊的工作。我會從嶄新的觀點來接洽一些事，因為以前我花太多時間擔心帳單是否繳清、擔心自己能不能做自己想做的事。我頭一次發現，我的人生出現希望，我不必再擔心，只要去做就行了！」

從自己開始改變

「有趣的是，當妳改變時，妳身邊的事也會跟著改變。」我說。

「說的很對，」雷絲莉同意我的說法，「我現在就用不同的觀點看待我的工作。也對我的老闆有不同的看法，可是我的薪水並沒有不一樣啊。是我改變了！我不知道，自己會不會對我的前夫另眼相看，搞不好會有發生奇蹟喔！」

佩特笑著說，「我懂妳的意思。我來這裡參加聚會時，希望先生會改變心意，現在我知道，要改變的人不是他，而是我。我已經擺脫以往的想法，我不認為自己沒有他就做不到，我明白自己必須先採取一些行動。我還是希望他能加入我的行列，不過決定權在我，必須先讓這件事發生。其實，經過這二天的討論，已經讓我把心中的一塊大石頭給拿掉。」

我補充說，「搞不好當妳心態改變回家後，發現妳先生也有一些驚人的改變呢？」

我這番話讓佩特微笑以對。

「既然當初是我打點姊妹淘的聚會，」佩特指出，「我有一個提議。我們來談如何讓這二天的衝勁持續下去，這一點真的很重要。」

「妳一定是要建議我在想的事。」雷絲莉說。

「我提議接下來六個月，我們四個人每個月進行一次一小時的電話會議，」佩特建議，「因為崔西、雷絲莉跟我剛開始學習投資，我知道這樣做對我們真的有幫助。如果金願意提供她的意見，那麼我認為我們的討論會更有收穫，也會更成功。妳們認為怎麼樣？」

我們四個人都同意。佩特當場要我們決定好第一次電話會議的日期和時間。

接著，服務生出現了，「我們老闆注意到妳們今天晚上好像在慶祝一件很重要的事，所以讓我送四杯香檳過來，並要我向妳們說聲：『恭喜！』」

我們開心地向服務生和老闆致謝。

這次，崔西起身宣布，「讓我們舉杯，感謝妳們，讓我這麼久以來，再次感受到又能掌控自己的生活。讓我們為美好的人生乾杯！為健康、幸福……，也為超乎想像的現金流乾杯！」

「乾杯！」

順帶一提，當我們用完餐回到家，佩特檢查手機留言，聽到珍妮絲留言說，「我不知道自己在想什麼！我是不是瘋了？那傢伙根本不是要跟我交往，而是想占我便宜！我真是笨蛋！我沒辦法相信自己竟然這麼不會看人。他長得又不帥！我相信妳們這二天一定過得很開心。我真希望自己也跟妳們在一起。我真的很氣自己，我竟然浪費時間跟這傢伙在一起，還以為他會是我的未來。其實我真正該做的是，跟妳們四個人在一起，為我的未來好好打算。」

後記

許多人認為，錢不是人生中最重要的事。這樣說或許沒錯，不過錢卻會影響到人生中最重要的事，包括：妳的健康、妳的教育，以及妳的生活品質。

畢竟，錢可以讓妳從以下兩者選擇其一：為錢做奴隸，或是用錢換取自由。錢可以讓妳變成工作、負債、有時甚至讓妳變成關係中的奴隸。或者，錢可以讓妳自由，讓妳過著自己想要的生活。

藉由讓錢成為我人生中的重要事項，我就買到了自由。對我來說，自由很重要……，因為我真的很討厭聽命行事。

感謝妳閱讀這本書。

【附錄】理財辭彙

〔常用財經與投資用語〕

· Accountant／會計師：接受過正式的會計教育，簿記員則不然。會計師幫你處理日常財務需求，包括：準備財務報表，也可以幫你處理報稅事宜。

· Asset／資產：不管你有沒有工作，都會把錢放進你口袋的東西。資產包括：房地產、事業，以及像股票、債券和共同基金等紙資產。

· Bonds／債券：可能是免稅的地方政府債券、由美國政府發行的國庫債券，或是由各企業發行的公司債，這類債券代表發行單位以舉債方式籌資，購買債券者則獲得利息報酬。

· Bookkeeper／簿記員：幫你記帳的人。在大多數情況下，你會需要一位「全部包辦」的簿記員，可以幫你付清帳單，將各項帳目分類，追蹤應收帳款和應付帳款，製作薪資名冊並備妥財務報表所需的資料。有些簿記員會幫會計師準備資料，讓會計師接手製作財務報表和報稅事宜。

· Cash／現金：包括：存款帳戶、貨幣市場基金、定存。

· Cash Flow／現金流：收入與費用和債務之間的差異。現金流可能是正值或負值。

· Cash-On-Cash Return／現金報酬：任何投資的純益——你從所投資的現金金額中賺到多少錢或虧損多少錢。

· Capital Gain／資本利得：你買賣某項投資的差價再扣除掉在這項投資的所有花費。

- Commodities／商品：包括：黃金、白銀、銅和其他貴重金屬，或像豬肉、小麥、玉米等食品等資源。
- Common Stocks／普通股：由公司發行讓買家擁有公司所有權的股票。有的普通股會發放股利，有的則是不發放股利。
- CPA（Certified Public Accountant）／合格會計師：通過美國州政府考試就會給予合格會計師的稱號。合格會計師有很多種，並不是所有合格會計師都是稅務專家。合格會計師可以幫妳處理公司的管理問題（擔任會計主任或財務長），稽核放款用途的財務報表（擔任稽核師），或協助妳進行稅務規劃（也就是在其他國家說的特許會計師）。
- Earned Income／薪資收入：妳的工作所得。
- Financial Statement／財務報表：財務報表可分為幾種形式。損益表（income statement）詳列固定時間內的收入與費用。資產負債表（balance sheet）包含特定時間的資產與負債。現金流量表（statement of cash flow）詳列現金流入與流出。個人、資產和企業都有自己的財務報表。
- Intellectual Property／智慧財產權：實質且可受專利、商標或版權保護的原創作品，例如：發明、產品，或公司品牌。
- Leverage／槓桿：以少做多。
- Liability／負債：從妳的口袋拿錢出去之物，包括：卡債、房貸、車貸、就學貸款等。
- Passive Income／被動收入：妳從投資事業、版稅、出租不動產投資取得的收入。這是妳不必工作就可以拿到的收入。
- Portfolio Income／投資組合收入：從股票、債券、共同基金等紙資產獲得的收入。
- Return on Investment（ROI）／投資報酬：妳從一項投資獲得的收入金額，除以為這項投資的總投資金額，所得的數值即為投資報酬。

・Wealth／財富：依據巴克明斯特．富勒的定義，財富就是妳不再工作，妳的錢還能維持妳以目前的生活水準過活幾天。

〔房地產用語〕

・Adjustable Rate Mortgage／浮動利率房貸：在貸款期間內，利率會定期變動的房貸。

・Amortization／分期攤還：依照涵蓋本金與利息的分期付款，逐漸償還債務。

・Annual Percentage Rate（APR）／年利率：貸款的實際利率。年利率影響到所有融資成本，包括：手續費、貸款機構批准費用和其他融資費用，通常比一般利率要高。

・Appraisal／鑑價：由專精於房地產分析與估價的公正人士對某項房地產的價值所做的估價或評價。

・Assumable Loan／可轉讓貸款：某項資產的既有貸款，賣方可以將其轉讓給借方。

・Balloon Loan／期末整付型貸款：在預先決定的日期將尾款一併繳清的房貸。期末整付型貸款的利率可能比較優惠，但妳必須準備好在預定期間一次繳清貸款（或取得新貸款）。

・Cap／利率上限：以百分比表示，意指放款單位依據浮動利率房貸的條件索取的利率上限。房貸利率選擇權可以保障借款人不會因為利率大幅上揚而受到波及。

・CAP（capitalization）Rate／資本化率：是將淨營運收入除以購買價格所得的數字。資本化率沒有把負債列入考量，只是資產價值的一項指標。根據經驗法則，資本化率愈高，資產價值愈低；資本化率愈低，資產價值就愈高。

・Cash on Cash Return／現金報酬：在房地產界，現金報酬是由資產的年度現金流除以購置資產所花費的現金金額，所得到的百分比數字。

・Closing／過戶：資產所有權從賣方轉移給買方的過程。過戶包括送交房地產契約書、調整貸款、簽署票據、支付完成交易所需的費用。

- Closing Agent／過戶代理人：由妳選擇的第三方代理人（律師、第三方代理人、公司代表或專業的過戶代理人）處理實際交易的所有事宜。
- Closing Costs／過戶費用：完成一項房地產交易所產生的費用。
- Contingency／交易限制條件：在報價單或合約上列出、在交易繼續前必須先符合的條件。
- Cost Segregation／成本分離：一種會計策略，讓妳可以加速折舊妳的資產。
- Counter Offer／回價：在購買一項資產時，對賣方的開價做出回應，並提出新的或不同的交易條款與條件。
- Credit Report／信用報告：由當地零售信用協會對個人償債能力提出的一項評估。
- Debt／債務：房貸或以資產抵押申請的貸款。
- Deferred Maintenance／延緩維修：房屋必須進行維修保養，但是賣方卻放著不做。出現這種延緩維修的情況時，反倒是一個機會，讓妳可以跟賣方殺價。
- Down Payment／頭期款：買方在過戶時支付現金，通常是以購買價格的百分比表示。不同類型的貸款要求的頭期款百分比也不同。
- Due Diligence／調查期：提供與某項資產的實質屬性、財務和法律屬性之確實完整資訊的研究過程。
- Equity／淨值：房價扣除房貸和其他相關負債後的價值。
- Escrow／第三者保管：將金錢或資產交由第三方監管，直到符合特定條件為止。
- Estoppel Certificate／不容反悔證明：由每一位房客詳列每月應付租金金額，在租約到期前要依約繳付房租的書面聲明。
- Eviction／逐出：要房客搬離所租處所的合理過程。逐出讓屋主可以要求不付租金或違反租約條款的房客搬離。

・Financing Terms／融資條件：明定可用的貸款類型（新貸款、賣方融資、可轉讓貸款等）、融資金額，以及預估利率。

・Fixed Rate Mortgage／固定利率房貸：某部分貸款或整筆貸款都依據固定利率計算的房貸。

・Fixer-Upper／裝修套利：需要維護修繕的一項資產。

・Foreclosure／法拍屋：房貸終止，房屋由放款單位接管的合法過程。通常，法拍屋是因為屋主繳不出房貸，而讓房子被法院拍賣。

・FSBO（For Sale by Owner）／屋主自售：沒有跟房仲業者簽約代售，而由屋主自售的房地產。

・Internal Rate of Return（IRR）／內部報酬率：意指將妳獲得的所有收入（被動收入和現金流），馬上重新投資，讓妳也能從收入取得報酬，這就是所謂的內部報酬率。

・Interest／利息：放款單位跟貸款者索取的費用，通常以貸款總額的百分比表示。

・Lease／租約：具有合法效力由房東與房客簽定的合約。租約應明定房東與房客之關係的所有條款與規定。

・Leverage／槓桿：在房地產界，跟放款單位借錢購買房地產，就是一種槓桿形式。妳花一點錢，其他費用向銀行貸款，妳就能百分之百地持有那項資產。

・Loan Servicing／貸款服務：跟處理房貸有關的文件作業。

・Loan-to-Value Ratio／房貸貸放成數：房貸金額相較於房屋購買價格的比率。房價十萬美元的房子，申請到八萬美元的貸款，房貸貸放成數即為八〇%。

・Maturity／到期：意指房貸完全繳清的日期。

・Mortgage／抵押貸款：意指讓放款單位取得某項貸款利息的書面協議。

- Mortgage Brokers／抵押貸款經紀人：將金融放款機構與想要借錢的投資人做媒合的專業人士。
- Notice／通知：在書面文件上明定在採取指定行動前的一段期間。租約通常會詳列房東必須在檢查房子、收取租金遲繳費或開始進行逐出程序前，必須先通知房客。
- Offer Sheet／報價單：亦稱為合同草約，意指提議向另一方購買特定資產並進入協議階段。
- Origination Fees／貸款機構批准費：由貸款者支付的費用，通常以貸款總額的百分比表示，為與發放貸款有關的成本與費用。
- PITI／本金、利息、稅金和保險：為本金、利息、稅金和保險的縮寫。這項首字母縮略字用於說明每月房貸金額可能包含的事項。
- Point／一個百分點：意指房貸的百分之一的金額。一個百分點是放款單位在發放貸款時索取的額外費用，作為貸款的手續費。
- Prepayment Penalty／提前還款罰金：房貸在到期之前，提前付清應繳的費用。
- Private Mortgage Insurance（PMI）／私人貸款保險：由私人企業發行以放款單位不履行發放房貸的一種保險。在頭期款低於總價的二〇%時，通常需要這類保險。
- Pro Forma／估價單：意指預估財務報表，通常是依據預估值而非實際值，顯示收入、費用與融資條件。
- Real Estate／房地產：意指土地與建築物。
- Real Estate Purchase Contract／購屋合約：也稱為買賣契約，是買方與賣方之間具有法律效力的一項協議，詳載某項房地產交易的條件與規定。
- Seller Financing／賣方融資：由賣方扮演銀行的角色，放款給買方。買方依據約定支付本金與利息給賣方。

・Service Contract／服務合約：請維護供應商，例如：景觀設計師、水電工或雜工等，執行定期維修及／或緊急服務的書面合約。如果妳擁有幾間房地需要定期的服務，就值得考慮服務合約。

・Term／期限：意指貸款必須繳清的一段時間。

・Title Deed／所有權狀：顯示某項資產所有權的法律文件。

・Underwriting／貸款審查：依據購屋者償還貸款的能力及擔保品價值，對於貸款做出正式的批准或否決。

・Vacancy Rate／空屋率：表示一棟大樓未租出去的空屋比率，或是該年某間房屋未出租的時間。

・Zoning Laws／區域劃分法：管理土地使用、人口密度、建築物大小與用途的法規。區域劃分法由當地政府制定，通常會因為社區發展而變更。

〔房地產投資物件分析用語〕

・Price Per Unit／每單位售價：某件不動產的要價或售價除以總出租單位數。

・Price Per Square Foot／每平方呎售價：要價或售價除以可出租的總面積（平方呎）。

・Unit Mix／單位組合：不動產的單位類型，例如：工作室、一房一衛、二房一衛，以及各種單位的數目。

・Rent Per Square Foot／每平方呎租金：將該單位總面積（平方呎）除以租金所獲得的數值。每平方呎租金讓妳在比較類似物件的租金，對整體租金行情有更清楚的瞭解。

・Gross Income／總收入：通常以每月總收入或每年總收入表示。總收入為所有單位不論出租與否的所有收入。

・Vacancy Rate／空屋率：依據未出租單位而無法收租的租金百分比。如果妳的總收入是一千美元，妳的空屋率是一〇%，那麼妳會收到九百美元（1,000-100）的租金。

・Other Income／其他收入：由洗衣費、停車費、販賣機所取得的額外收入。

・Loss to Lease／租約損失：當妳索取的租金低於市場行情時，會發生的損失。要計算租約損失，以市場行情租金扣掉實際租金，所得數字即為租約損失。

・Operating Expenses／營運費用：包含不動產營運的所有費用。

・Net Operating Income／淨營運收入：將總收入扣除總營費用所得的數字。

・Debt or Debt Service／債務或負債金額：某項不動產的負債或房貸金額。

・Cash Flow／現金流：某項投資不動產的獲利或損失。計算現金流，將總收入扣除營運費用，再扣除負債金額就等於現金流。

・Cash on Cash Return on Investment／現金投資報酬：年度現金流除以為這項交易投入的現金金額（主要是頭期款），即為現金投資報酬，通常以百分比表示。

〔紙資產用語〕

・Amex（American Stock Exchange）／美國證券交易所：成立於一八四二年，前身為紐約場外交易所（New York Curb Exchange）。顧名思義：原本是在街上交易，後來在一九二一年時開始改為室內交易。一九五三年時，改名為美國證券交易所。

・Blue Chip Stocks／藍籌股：借用撲克牌用語，藍籌表示最有價值，意指獲利最佳的大型企業股。藍籌股名單並非正式名單，而且會不時地更動。

・Book Value／帳面價值：企業資產與負債之差異。舉例來說，帳面價值低，負債又太高，即使這家公司做了很多生意，卻表示公司獲利有限。有時候，帳面價值低表示資產被低估，專家認為這些公司是不錯的投資標的。

· Call Options／買權：

＊Buy／買入：依據履約價格（striking price）在一定期限內買入標的物的權利。

＊Sell／賣出：依據履約價格在一定期限內賣出買權，又稱為賣出買權（writing a call）。

· Commodities／商品：意指原物料，包括：製作麵包用的小麥、製作耳環用的銀金屬、生產汽油用的原油，以及一千種以上的其他產品。商品價格是依據供給與需求而定。

· Common Stock／普通股：持有企業股份，起初通常由企業銷售，後來則在投資人之間交易。購買普通股的投資人期望拿到股利作為部分獲利，也希望股價看漲，讓他們的投資更值錢。普通股通常不保證績效，不過以長期投資來說，通常比其他投資的績效更好。

· Derivative／衍生性商品：以金融資產、指數或其他投資等標的物的績效為價值依據的一項合約。

· Dividend／股利：企業分配給股東的盈餘，依據證券的類別比率分配，並且以現金、股票等形式支付，以公司產品或資產方式支付的情況比較少見。

· Dividend Yield／股利收益率：某位投資人在某支普通股或優先股所獲得的年投資報酬率。這項收益率的計算方式為每股年度現金股利（稱為推估股利〔indicated dividend〕）除以每股市價。

· DJIA(Dow Jones Industrial Average)／道瓊工業平均指數：評量三十支成分股的市場表現的一項指數。

· Earnings Per Share／每股盈餘：將獲利除以股票數目所得的數字。如果盈餘逐年增加，表示公司不斷地成長。

· Equities／權益：股東持有企業股票所擁有的權益。

· Futures／期貨：有義務在特定日期內以現價買賣像玉米或黃金等特定商品。

· Hedge Fund／避險基金：私人投資合夥公司（針對美國投資人）或境外投資公司（針對非美國籍投資

人或免稅投資人），通常合夥人投資可觀金額並提供買賣通知書，允許基金同時持有多空部位，利用財務槓桿和衍生性商品進行操作，並投資許多市場。

．IPO（Initial Public Offering）／首度公開發行：讓公司股票上市，表示要讓投資人可以買到公司的股票，管理階層就要進行首度公開發行。

．Municipal Bonds／地方政府債券：購買地方政府債券的好處是免稅。投資人不必跟國稅局或州稅收機關分享盈餘。

．Mutual Funds／共同基金：由專業人士管理的股票或債券投資組合。

．Nasdaq（National Association of Securities Dealers）／那斯達克：美國頂尖成長型企業及國際企業在美國交易股票的主要場所。那斯達克即時報價是透過國際電腦暨通訊網路，用戶超過一百三十萬人、遍布八十三個國家。

．NYSE（New York Stock Exchange）／紐約證券交易所：紐約證券交易所提供股票交易設施，並依法管理交易之進行，但不負責訂定股價。股價是供給與需求和交易過程之結果。

．OTC（Over The Counter）／櫃台交易：超過二萬八千家小公司和新公司的股票就在櫃台交易市場交易。這個名稱起源於投資人其實要經由當地營業員透過櫃台交易，才能買賣這類股票。

．Preferred Stock／優先股：也是由企業發行的所有權股票，並且在投資人之間交易。起初是由企業銷售，後來則在投資人之間交易。

．Prospsectus／公開說明書：銷售證券的正式書面提案，藉此發表投資人做出有根據決定所需的新企業計畫或既有企業實情。

．Put Option／賣權：

＊Buy／買入：依據履約價格（striking price）在一定期限內賣出標的物的權利。

＊Sell／賣出：依據履約價格在一定期限內賣出賣權，又稱為賣出賣權（writing a put）。

· Return On Equity／股東權益報酬率：將企業每股盈餘除以本身帳面價值所計算出的百分比。

· Reverse Split／股票合併：在股票合併時，原本妳持有的股票數目經過合併後，股票數目就減少。比方說，十股變成五股，不過股價也會因此上揚。有時候，公司藉由股票合併這種做法來拉抬股價。

· SEC／證券交易委員會：在大蕭條和股市交易醜聞爆發後，美國政府於一九三四年設立證券交易委員會，其宗旨為管理股票交易員之活動。

· Selling Short／賣空：交易賣方並未持有的股票或商品期貨合約；這種方式用於1.利用股價看跌趨勢；2.保障多方部位。

· Stockbroker／股票營業員：為客戶管理帳戶的券商員工。

· Stock Split／股票分割：即是將每股股票分割為更多股，股價也因此調降。如果價格上帳，股東就因此獲利。

〔各種債券類型〕

· Corporate Bonds／公司債：公司利用公司債向投資人籌資，而不必向銀行貸款資助公司擴大規模及進行其他活動。

· Municipal Bonds／地方政府債券：目前，全美各州、城市及其他地方政府發行超過一百萬種地方政府債券，以資助地方建設和其他計畫的推行。

· T-Bonds And T-Notes／長期公債和中期公債：為聯邦政府發行的中長期債券，藉以籌資維持政府營運所需並支付國債利息。

· T-Bills／短期公債：為資金市場（短期債券市場）的最大要素。政府運用短期公債籌資因應近期開銷，況且短期公債的殖利率也比中、長期公債的殖利率來得低。

- Agency Bonds／機構債券：最常見也最有名的機構債券為抵押貸款協會發行的債券，包括簡稱為吉利美（Ginnie Mae）、房利美（Fannie Mae）和房地美（Freddie Mac）等債券。不過，許多聯邦機構和州政府機構也會發行債券，籌資推動本身的業務和計畫。
- U.S. Treasury Bonds／美國長期公債：美國財政部發行三種公債：長期公債、短期公債和中期公債，這些債券的差別在於本身的到期期限從十三週到三十年不等。
- Venture Capital／創業投資：新創企業或其他創新事業的重要資助來源。這類創新事業都帶有某些投資風險，日後卻有可能提供平均水準以上的獲利，所以也稱為風險投資（risk capital）。

GOBOOKS
& SITAK
GROUP©